章

第6章

ブックデザイン　井上篤　イラスト　holiday　編集協力　原智子

巻頭付録

読めば
モチベーション
アップ！

短期間で結果を出した人たちの座談会

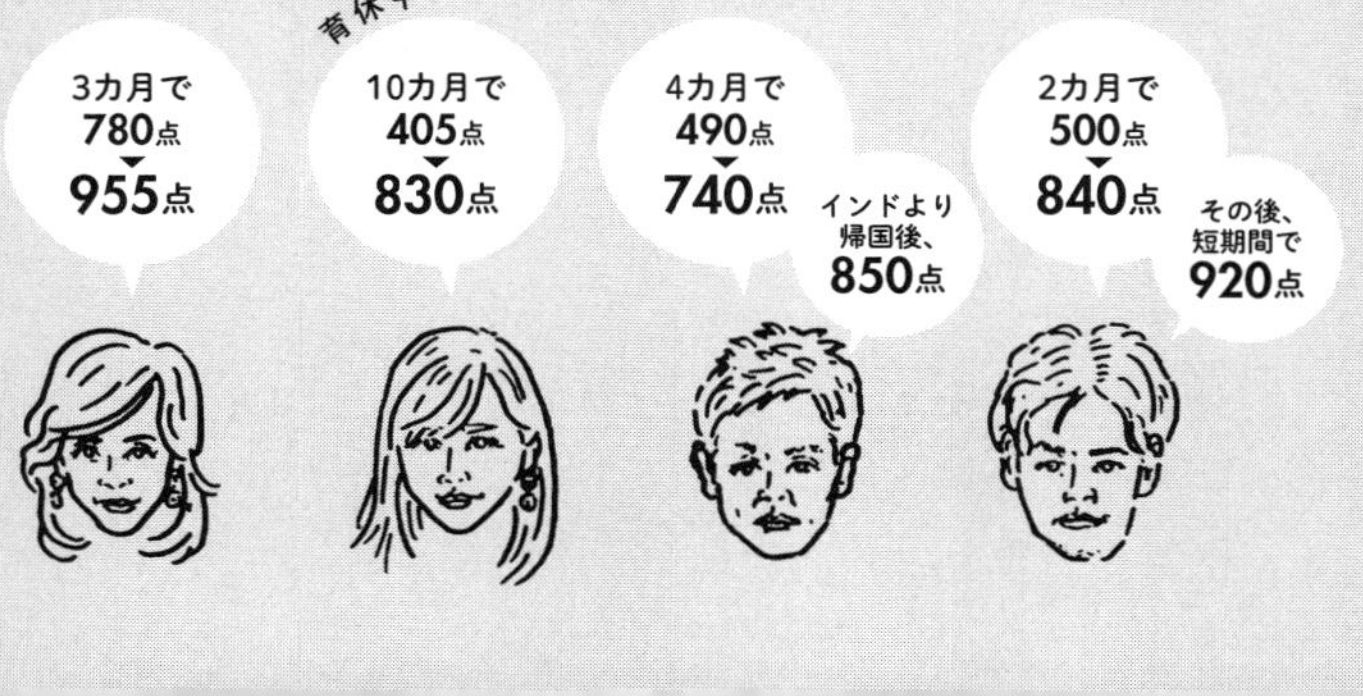

まずは短期間でTOEICのスコアを
大幅に引き上げた人たちの、生の声を聞いてみましょう。
インタビュアーは著者・中村先生。
登場する4人は年齢や職種こそバラバラですが、
著者が主宰する「すみれ塾」で学び、
有名企業の第一線で活躍するビジネスパーソンです。
どのように勉強時間を確保したのか、
壁にぶち当たった時にどう乗り越えたのか、
TOEICを足掛かりにどんな夢を実現したのか――
成功者たちの体験は、
これから挑戦する皆さんの良き道しるべになるでしょう。

＼参加者／

スコア倍増を公言。自ら退路を断ちました

松下 由紀さん

38歳、損害保険会社勤務。中国駐在から帰国して、結婚→出産。育児休暇中に取り組むキャリアアップとしてTOEICに挑戦した。

平日４時間、週末20時間。妥協なく勉強しました

前田 正さん

35歳、飲料メーカー勤務。時流を察知して苦手な英語に挑戦。会社に認められオランダ留学でMBAを取得。ベストスコア955点。

24時間仕事脳の営業マン。塾の時間にとにかく集中！

上野 一茂さん

37歳、飲料メーカー勤務。後田さんの先輩。TOEIC挑戦を機に社内プログラムでインドの関連会社にトレーニーとして派遣された。

化粧や着替えの間にもできることはある！

金田 道子さん

41歳、外資製薬会社勤務。転職の条件が「900点以上」だった。しかも期間3カ月でチャンスは1回きり。どうクリアした!?

――まずは皆さん、自己紹介をお願いします。現在、どんな会社でどんな仕事をされているか、ＴＯＥＩＣに挑戦したきっかけなどをお話しください。

金田道子さん（以下、**金田**）　外資製薬会社に勤めています。以前は中堅の製薬会社にいたのですが、転職して現在の会社に入社しました。ＴＯＥＩＣを受けたのは転職のためで、スタートラインに立つには９００点のスコアが必要でした。最初の受験が２０１２年12月で、その時のスコアは７８０点。３カ月で１２０点以上の上乗せが必要でした。どうしてそんなに短期間でやらなければならなかったかと言いますと、当時の私はプロジェクト・リーダーとして27人の部下を抱える立

場で、自分の転職で周囲に迷惑を掛けないようにと考えたからです。それには一つのプロジェクトが終わって、次の新しいプロジェクトが本格的に始動するまでの半年ほどの間に転職先を決めて、引き継ぎまで済ませなければならなかったんです。逆算すると3月のテストで900点以上を出しておかないと間に合いません。しかも、TOEICは2月にテストが実施されないので、事実上の一回勝負になりました。絶対に失敗できない状況で、緊張感は尋常ではなかったです。それでも頑張った甲斐あって、3月のテストで950点が出て、希望の会社に転職できました。

松下由紀さん（以下、**松下**）　損害保険会社に勤めています。もともと中国での事業開発がやりたくて入社したんです。国内営業から始めて本社の海外部門に異動、中国で現地法人の立ち上げに参加後、帰国しました。その後まもなく結婚、出産。ちょうど入社10年目のことでした。私は仕事が大好きで、定年まで勤め上げたい。残りは30年間です。そこで「これからどういうキャリアを描こうか」と考えた時に、中国のビジネスは一区切り付けたので、次のステップへ行こうと。ちょうど会社の海外戦略が東南アジアや南米へ移っているところで、自分も環境の変化に適応しなければと思いました。そこで、それまで「私の専門は中国なのだから」と言って避けてきた英語に真正面から向き合うことを決めたのが産休中でした。当初のスコアは405点でしたが、1年10カ月の育児休暇を終えるまでに800点まで引き上げることを目標に掲げて取り組みました。1年間は育児に専念。残り10カ月は育児と勉強を両立しました。職場復帰時には830点を取りまして、そこからシンガポールの国立大学のビジネススクールで数カ月学んで、現在は海外子会社の経営を管理する部署におります。

上野一茂さん（以下、**上野**）　私は飲料メーカーの営業開発部門で仕事をしています。昨今、日本の外食チェーンが海外へ事業展開する機会が増えているのはご存知でしょうか。私が現在やっているのは、取引先が海外へ出ていこうという時に、現地代理店からサプライヤーまでをサポートする仕事です。それ以前は、国内大手取引先を担当する営業マンでした。これがまたハードでして、24時間365日、お客様から問い合わせがあったら即座に対応しなければならない。ところが、そんな部署にも時短（労働時間短縮）が求められるようになりまして。いよいよマインドを変えなきゃならんという時に、社内プログラムで1年間海外の関係会社で修行してくるというのがありまして、上司の勧めもあり応募しました。TOEICにも挑戦したのは英語学習の一環で、後輩の前田に勧められて中村先生の「すみれ塾」に参加したわけです。最初のスコアは500点に足りないくらいでしたが、4カ月で740点まで引き上げていただきました。その後、修行先のインドでクセのある英語に揉《も》まれ、帰国後のテストでは850点を取りました。

前田　正さん（以下、**前田**）　同じく飲料メーカーの経営企画部門で仕事をしています。僕は学生の頃からあらゆる資格を取得するのが趣味だったのですが、どうしてもモノにならなかったのが英語でした。しかし、会社が海外進出を本格化させる中で、今後は英語が重要な査定ポイントになるのはわかっていました。それで2009年3月のことでしたが「次はどの資格に挑戦しようか」とたまたま入った書店で、中村先生の著書を手に取ったんです。そこには3カ月で高得点を上げた人たちの体験談が載っていまして。「本当か⁉」と思いながらも、直近で大阪でセミナーがあるというので、新幹線に乗って行ったんです。僕、実はあんまり勉強にお金はかけないほうなんですが、この時は「使うべきところだ」と思ったんですよ。この辺の嗅覚には自信があるんです(笑)。TOEICはそれまで3回受けて500点が最高だったんですが、セミナーを受講した直後に620点に。それで手応えを摑んで「すみれ塾」に通ったら、2カ月で840点まで上がりました。その後、もう一回通って920点まで取ったところで、社内の選考に受かって1年3カ月かけ、オランダの大学でMBAを取得しました。

――ありがとうございます。皆さん仕事ができる方たちなので職場で任されることも多く、その上さらにTOEICの勉強もやるのは大変だったと思います。忙しい中どれくらい勉強したのか、勉強時間をどのように捻出したのか、教えてください。

金田　隙間《すきま》時間を徹底的に活用しました。例えば、朝起きて歯を磨いている間、着替えている間、お化粧をしている間はずっとパート2の音声を流していました。通勤中は携帯音楽プレーヤーでパート3と4を聴き、お昼休みはお弁当をスプーンで食べられるものにしてパート5の練習をしていました。こうした細切れの時間を寄せ集めれば、なんだかんだで120分（ながら勉強40分＋通勤往復80分）は捻出できました。帰宅後はどんなに疲れていても、1時間は机に向かうようにしていました。土曜日は「すみれ塾」が3時間あり、帰ってきてから復習を3時間やりました。復習は絶対にその日のうちに終わらせるようにしました。日曜日は午前中にヨガ教室に通い、リラックスしてから午後の6時間を勉強に充てました。合計すると週の勉強時間は27時間ですね。私の場合は3カ月と期間が決まっていたので、ここまで頑張れたと思います。

松下　私は育児休暇中に勉強したので、よく「時間は十分にあったでしょう」と言われるのですが、実際はまったく違いました。子育ては24時間の戦いだったんです。もちろん夫も手伝ってはくれましたが〝最後の砦《とりで》〟にはなれません。起きている間はとにかく目が離せませんし、夜中は毎晩のように夜泣きをしてくれまして。最初は「こんなんじゃ勉強どころじゃない」とも思ったものですが、子どもの生活を24時間記録してみたところ、なんと明け方の4－6時は必ず寝ていることがわかったんです。そこで毎晩8時には子どもと一緒に寝て、夜中の3時半くらいに起き出して夜泣きに付き合い、4時から2時間を勉強のコアタイムとしました。日中は1時間半くらい昼寝をしてくれたので、前後のウトウトを見守って間の1時間で勉強ができました。

上野　営業マンも、24時間臨戦態勢でしたよ。私は某大手流通業の担当だったのですが、何か問題があると土日だろうが早朝深夜だろうが、取引先の上の方から直に携帯に「どうなってるんだ!」と電話がかかってくるんです。私もそういうことを苦にせず、ご要望にはすべてお応えしようというスタンスでした。ただ、そういう状況で勉強しようと思っても、なかなか頭が仕事モードから切り替わらないんですよね。テキストを前にしても、気が付くと仕事のことを考えてしまう。ようやく集中できると、そういう時に限って電話が鳴るんです。なので平日に勉強をするのは諦めまして、土曜日の「すみれ塾」の3時間の授業にとにかく集中することにしました。先生にも「それならいちばん前の席に座りなさい」と言われまして、最前列が私の指定席でした。

前田　僕は、平日は通勤の往復2時間と帰宅してからの2時間で計4時間、土日は10時間ずつやりました。子どもが遊びたい盛りの5歳と3歳の時でしたから、父親としても週末くらいは構ってやりたかった。ですから週末は朝6－10時に勉強をして、昼間は子どもたちと過ごし、18時に晩ごはんを食べて風呂に入れて、19時から深夜2時までまた勉強をやるという過ごし方でした。ギリギリのバランスだったかなと思うのですが、妻が午前中に子どもたちを公園に遊びに連れて行ってくれたり、家族でショッピングセンターに行っても「買い物してくるからパパはスタバに行って勉強してきなよ」と言ってくれたり。ドライブしても子どもたちが寝入ると運転を代わって、私に勉強をさせてくれました。妻の理解と協力はとてもありがたかったです。

――ご家族の協力があると心強いですね。ただそうは言っても、限られた期間の中で高い目標をクリアするのは大変なプレッシャーだったと思います。成績が振るわない時、集中力が高まらない時、挫《くじ》けそうな時、どのようにモチベーションを維持しましたか？

金田 私は何としても3カ月で結果を出さなくてはならず、しかもテストは一回勝負ということで、ダレることはありませんでした。ただ、一回で900点が出なければ転職そのものができなくなってしまうかもしれず、絶対に失敗できないというプレッシャーはものすごかったです。もう1分だって無駄にできない、したくない気持ちでしたが、それでも仕事で疲れて帰ってくると睡魔が襲ってくるんですね。そこで、帰宅したらまずベッドの上に、その日にやるべき問題集やコピーを並べて横になれないようにしたり、窓を開け放ったり、立ってテキストを読んだりと、あの手この手を尽くして問題に向き合いました。でも、いちばん効いたのは「サザン断ち」でした。私はサザンオールスターズの大ファンなのですが、勉強を始める時に音楽プレーヤーの楽曲を全部消して、リスニング教材と入れ替えたんです。サザンのない生活は地獄でしたが「結果を出せばまた聴けるんだ」と思うと頑張れました。

松下　私は育児休暇中に一度、近況報告を兼ねて職場を訪ねたのですが、その時上司に「職場復帰したあかつきにはこういうことを考えています。ついてはそのためにもTOEICに挑戦しようと思うんです。職場復帰までに現在のスコアを倍の800点にしてみせますから、成功したら豪華すしランチをおごってください！」と宣言しました。戯言のように思われるかもしれませんが、職場で上司に言ったことですから「できませんでした」となれば、やはり心証は悪くなります。そうすることで退路を断ち、自分自身にプレッシャーをかけたわけです。モチベーションに関しては、幸いにして私は「勉強がしんどい」と思ったことが一度もなかったんです。というのも私は乳幼児を育てながらでしたから、自分だけの時間というのがほとんどありませんでした。なので、朝4時になると「やっと勉強ができる。バンザーイ！」という感じでした。

——金田さんみたいに「〇カ月以内に〇点を

クリアしなきゃならない」っていう切羽詰まった事情があると否応なく集中するけれど、そうじゃないとだらだらしてしまいがちです。ビジネスパーソンはただでさえ忙しいから、後回しにできる理由があるとどうしても時間がかかってしまいます。TOEICは必ずしも時間をかければいい結果が出るというものではなくて、ハードルを設定して短期集中でやったほうが絶対にうまくいく。だから、松下さんみたいに自分で期間を区切って目標を設定して、というのは非常にいいアプローチだと思います。

上野　私は「いつまでに何点を取って何をするんだ」という明確なタイムリミットがないままに、勉強を始めてしまったところがあります。スコアが上がり始めるとそれが励みになって頑張れるんですが、伸び悩んだりすると辛《つら》かったですね。まあ、それでも上を目指すなら、やり続けるしかないんですが。私の場合は、TOEICよりも海外行きが決まってからの勉強が大変でした。いざ現場に行ってからまるで通じなかったらマズイじゃないですか。特に会話はTOEICの勉強ではやらなかったところなので、熱心にやりました。会社が通わせてくれるものもありましたが、それとは別にオンライン英会話をやったり。時事系の英語知識も必要だろうというので『CNN・イングリッシュ・エクスプレス』など、TOEICの教材とはあえて違うものをやるようにしました。

間が訪れる。そのことを経験的に知っていたので「その瞬間が来るまでは」と思って粘っていたんですね。どうやって使える英語を身に付けたかという問いへの答えになっていないかもしれませんが、僕の経験談から言えることは「腐らず投げ出さずにやり続けるしかない」ということです。周囲を見ても〝グイッ〟が来る前に諦めてしまう人が多い。もったいないですよ。

上野　私は、赴任先がインドというのもあったんですが、とにかく彼らの英語に圧倒されました。すごい訛りで、文法も合ってるとか間違ってるとかお構いなしに、ワーッとまくし立ててくるんです。自分の言いたいことを言って「オーケー?」と迫力で同意を迫ってくる。TOEICの英語と実際の現場で使われる英語の何が違うかと言うと、前者が言語の知識であるのに対して、後者はコミュニケーションそのものなんですね。どんなふうに話し伝えれば、こちらの意思をわからせることができるのか。〝郷に入っては郷に従え〟で、こちらも適応するしかありません。それに気づいて私はヒンズー語も勉強しまして、安い酒場に通って現地の人と同じものを食べるようにしました。そうしてヒンズー語のジョークの一つも言えるようになった頃、理解しあえるようになりました。

前田　インド人の「俺が、俺が」という気概は見習うべきものがありますね。MBAの授業でも教授が何か問いを投げてきた時、日本をはじめアジアの学生は少しでも深いことを言おうとして一瞬考えるんです。その瞬間に、インドや欧米の学生は即座に反応を示すんですね。内容はしょうもないことだったりするんですよ。浅はかな答えだったりもする。それでも「言ったもん勝ち」じゃないですけど、その反応を受けて話は進んでいくわけですから。少し考えた後にどんなに良い答えが思い浮かんでも、もう議論は先へ進んでしまう。前へ前へ出ていかないと、埋もれてしまいます。

――本当にそうなんですよね。日本人は完璧に喋ろうと思うから、すぐ反応が出せない。すぐ出せないでいるうちに、他人に発言の機会を奪われてしまう。何も言わずにいたら、たとえTOEICが900点以上であろうが、何の役にも立たないわけで。ビジネスが絡んだ多国籍会議だったらそれこそ死活問題でしょう。金田さんはそれこそ毎週のように、そういう会議をやってるんでしょう？

金田　そうですね。毎週のようにテレコン（電話会議）があります。多い時には15カ国くらいが参加するのですが、モタモタしていると簡単に発言の機会を失います。自分をアピールできないとかならまだいいのですが、問題はそういう場で何も言わないでいると〝同意〟したことになってしまうことです。私は製薬会社ですが、日本には独自の規制や特殊な商慣習があるので「できないことは、できない」とキッパリ言っておかないと、後で大問題になるんです。ただ、英語力の足りない分は、ビジネススキルで何とかなる部分もあるんです。例えば、事前に各国の参加者に「これは日本としてどうしても譲れない部分だから」とメールで伝えておいたり、言葉で伝え切れない部分はスライドを用意しておいて見せたりといったことができますよね。なので、上野さんのおっしゃる「大切なのはコミュニケーション能力である」というのはまったくその通りだと思います。

松下　私は国際部勤務とはいえ日本にいますから、そこまで英語を使っているわけではないのです。英語を使うシーンは書類のやり取りが中心で、たまに英語の電話がかかってくることはありますが「念のためメールでもお願いします」「確認のメールを送りますね」ということで、誤解やトラブルを防ぐことができます。その点では「ビジネススキルで何とかなる」という意見には賛成ですね。TOEICは「読む・聴く」のテストで「書く・話す」がないじゃないかという人もいますが、すべてにおいて文法の知識は必要ですし、相手が何を言っているか、何が書いてあるかわからなければ返答もできないわけで、十分に〝使える英語〟の基礎を成すものだと思います。それにメールだったらグーグル翻訳を使ったり、どうしてもわからないところは帰国子女の同僚に助けてもらうこともできるじゃないですか。

——おっしゃる通り。TOEIC英語の先に

ビジネス英語があるけれど、基礎は同じなんですね。皆さんそれぞれに実際の英語に苦労もされているようだけど、そもそも会社側が設定したスコアのハードルをクリアしなければ、今の役職・担当にもなれなかったわけでしょう。だから四の五の言わずに、まずハードルを越えて、夢を叶えるスタートラインに立つこと。その後で、必要に応じたスキルから優先して、磨いていけばいいんです。会議に参加するなら瞬間発話の訓練が必要だし、メールのやり取りなら定型のフレーズを繰り出せるようにするとか。商談や交渉をする立場なら、フォーマルな表現や接続詞や関係代名詞を用いて一文の長い英語を使わなきゃならないとか、いろいろあるんですよ。

松下　これからは仕事で英語を使う必要がなくても、ＴＯＥＩＣを受けなければならない人が増えてくると思いますよ。実は私の会社でも、ある日突然「部長以上は７３０点を取らなきゃクビ！」という通達が出まして、もうてんやわんやです。この基準は将来、どんどん引き上げられていくんでしょうね。周囲の企業を見ても、当初は６００点に設定されていたハードルが、７００点、８００点と、どんどん引き上げられていると聞いています。

前田　会社からするとＴＯＥＩＣというのは、もはや単に「英語力を測るテスト」じゃなくなってるのかな、とは思いますね。つまり「設定されたミッションを、限られた期限内にクリアできる能力があるかどうかを試すテスト」になってるんじゃないかと。

上野　ウチの会社はそこらへんが先取的ではないことと、幸いにして私は先んじて取り組むことができたので、かなりラクでしたしチャンスも掴めたと思います。ちなみに某通信会社はアメとムチで、９００点をクリアすると１００万円のボーナスが出るそうです。ウチもいずれ褒賞制度を取り入れるんじゃないかと見ていまして、私も９００点を目指してＴＯＥＩＣの勉強を再開することにしました。

――「すみれ塾」にはいろんな企業に勤めるビジネスパーソンの人たちが来ていますが、要求されるＴＯＥＩＣのレベルがどんどん引き上げられているというのは本当です。理由は二つあります。一つは、国内市場が縮小する中、海外市場に積極的に出ていかなければ企業の成長が望めないこと。企業は、海外に出せる優秀な人材を多く育てる必要が出てきます。そこでの共通語は「英語」です。そうなると、国内でも海外支店とのやり取りが増えるため、社員全体の英語力の引き上げが重要課題になったのです。もう一つは言い訳のきかない明確な数字でスコアが出るＴＯＥＩＣは、企業にとって人事評価の材料として非常に使いやすいということ。仕事の能力とＴＯＥＩＣのスコアは不思議と比例するということです。仕事ができる人は、たとえ英語が苦手でも、スコアアップを要領良くやってのけるんですよ。それでは最後に、これからＴＯＥＩＣで高得点を目指す読者の皆さんに、何かアドバイスをお願いします。

前田　これまでの日本では「英語ができること」は大きなアドバンテージでしたが、恐らくこれからは「英語ができないこと」がリスクになると思うんです。英語に対する取り組みは企業によってまちまちで、ウチは遅いほうでした。それを理由に「ウチはまだそこまでじゃないから」と先延ばしにすることもできました。でも、ビジネスの潮流として、いずれやらなければならないことは明らかでした。それは、どこも同じだと思います。だとしたら、歳をとって頭の吸収が悪くなってから苦しむか、少しでも頭のやわらかい今のうちにやるか――今でしょう！　始めるなら早いほうがいい。これは間違いありません。

金田　前田さんの言うように、今後は英語ができるとかTOEICのスコアがあるというだけで、何かが実現できたり仕事をさせてもらえるということはないでしょう。ただ、それがないといくら仕事ができても意欲があっても、スタートラインにすら立たせてもらえない。TOEICというのは、いわば「夢を叶えるための切符」なんです。それとTOEICは、運やマグレが左右する要素がほとんどなくて、勉強すればしただけの結果がスコアに反映されるテストだと思います。なので、やりたいことがある人は躊躇《ちゅうちょ》せずに、どんどん挑戦してください。

松下　女性・母親の立場からアドバイスさせていただきますと、女性は海外に出たほうがチャンスが広がると思います。私の会社はグループで30カ国以上に展開していますが、欧米先進国とアジア諸国では日本よりも女性に活躍の場があります。子どもを育てながら要職についている方もたくさんいますし、サポートも充実しています。日本もこれから変わっていくでしょうし、現在政策的な後押しもされていますが、まだまだ時間がかかるでしょう。ですから、能力のある女性には、ぜひ世界を目指していただきたいです。

上野　私は英語を勉強したことで、世界が小さく感じられるようになりました。これまで憧《あこが》れだった国に行けて、仕事ができて、いろんな人と話をすることができて心が豊かになりました。英語に挑戦して心から良かったと思えます。これからの時代、英語がますます必要とされるであろうことは、誰の目にも明らかです。それでも、私の周囲にはまだ英語を避けている人がいまして「もう少し待てばドラえもんの〝ホンヤクコンニャク〟ができるよ」とか「グーグル翻訳だってあるじゃないか」なんて言ってます。でも、どれだけ技術が進んでも、人と人がダイレクトに言葉を交わす価値に勝るものはないと思うんですね。英語を学んでメリットになることは山のようにあり、デメリットは皆無です。やらない理由がありません。

――今日は面白いお話がたくさん聞けました。これからも、世界を舞台に活躍されることを祈っています。どうもありがとうございました。

短期間で結果を出せた人の3つの共通点

1.

「期間」「目標」「目的」が明確に定まっている！

もともと英語が得意で結果が出たのではない。いつまでに何点取って何をしたいかがまずあり、その実現のために必要な努力をした。

2.

仕事が忙しいことを先送りの言い訳にしない

ビジネスパーソンなら仕事が忙しいのは当たり前。勉強ができない言い訳にはならない。時間はないのではなく作るものだ！

3.

「すみれ塾」の講義では必ずいちばん前の席に座る

着席する位置はやる気の表れ。講義に全力集中し、一言たりとも聞き逃すまいと思えば最前列に座るのは当然だ。

（巻頭付録）文：渡辺一朗

第1章

英語嫌いでも高得点を出せる

英語が大好きな人が意外に高得点を出せないのはなぜか

英語力を測る試験として注目され、企業でも人事考課などに広く使われているTOEIC。高スコアを早く獲得するのは、英語が大好きな人かと思いきや、そういう人は途中で意外に伸び悩みます。

逆に、**英語に興味がなかったり、英語が苦手だったりする人が先に900点突破を達成する**ということがよくあります。英会話学校に通っていたりして「英語が得意」と思われていた人は、700点台前半まではすぐに取れても、その後860点、900点といった高スコアを前に足踏み状態になるタイプが多いのです。

私が東京・八重洲《やえす》で主宰しているTOEIC教室に、800点前後のスコアの受講生が2人入ってきたとします。

ひとりは英語が大好きだからTOEICを受けている人、もうひとりは英語は好きではないけれど仕事でチャンスをつかむために高スコアを出す必要がある人だとしたら、

９００点を早く突破するのは後者のタイプが圧倒的に多いです。

一般的な英語とTOEICの求める英語力は違う

英語が大好きな人が、なぜ高得点を出せないのでしょうか。その一番の理由は、まさに英語が大好きだからなのです。

矛盾しているようですが、TOEICが求める英語力と英語好きの人が学んできた英語、身につけたいと思っている英語には少し隔《へだ》たりがあるためです。

「英語好き」とされる方の多くが目指しているのは、英米人と楽しく会話ができたり、ペーパーバックの小説が読めたり、あるいは英語の映画が字幕無しで理解できるといった英語力だと思います。また、重箱のすみをつつくような細かい文法知識中心の英語に興味がある人もいます。

一方**TOEICで求められる英語力とは、ビジネスシーンで必要とされる、スピーキング以外の英語運用力です。**比較的簡単な会議での英文を聞いたり、少し長めのビジネスレポートをざっと読んで内容を把握したりといった能力です。語彙《ごい》もビジネスでの使用語彙の出題も少なくなく、日常生活で使う語彙とは少し異なります。

さらにTOEICは情報処理能力も必要とされます（詳しくは第6章）。リスニングセクションではナレーションが流れる前に設問や選択肢の先読みをしないと高得点は狙《ねら》えませんし、パート7の長文もじっくり読むのではなく、全文は読みますが、ポイントを押さえる読み方をしなければ解答時間が足りなくなります。

通常、学校の授業などで求められた英語力は話された英語、書かれた英語をすべてきっちり理解する力でしたが、それとは少し異なります。

TOEICでは、英語好きな人がこれまで勉強してきた英語とは少し異なる英語力が求められるのです。

また、英語好きな人の中には、TOEICが求めるビジネス色の強い英語は、まったく興味がなく、勉強すること自体が苦痛という人も多いようです。さらに情報収集力が求められたり知能テストの類《たぐい》のクロスリファレンス問題（2文書参照問題）などへの取り組み方にも違和感を持つようです。

しかし、実際のビジネスの現場で求められているのはこういう力です。いわば、今のTOEICは企業が欲しい人材の力を見極めるのに適したテストに変わったということなのです。

英語が好きだと割り切った勉強ができない

私の教室は、２カ月が１サイクルになっていて、できるかぎり短期間でスコアが上がる勉強法を教えることにフォーカスしています。詳しくは第２章以降で紹介しますが、リスニング問題ではどんな言葉やポイントにフォーカスするかという聞き方、設問や選択肢の先読みの方法、長文読解問題のポイントを押さえた読み方、さらにＴＯＥＩＣで出題されそうな語彙・文法問題のプリントなどを徹底してやっていきます。

もちろん、３時間８回の授業を聞くだけでは大幅な点数アップは難しいので、「勉強の仕方やポイントを教えるので、それに沿って、あとは自宅でいかに練習を積むかです」

と繰り返しています。

クラスで行なう文法の講義の他にさらにその内容をくだいて教える補講としての文法セミナーや訳し方セミナーなどもありますが、どちらかというとＴＯＥＩＣで点数を出すための勉強に、特化しています。

しかし英語が大好きな人は、すでに自分なりの英語の勉強法を持っていることが多いので、教室と並行して英会話学校にも通っていたり、「映画の会話を聞き取れるようにしよう」「ペーパーバックも読めるようにしよう」などのようについ、いろいろなものを同時に行なってしまいます。また、英語勉強法も多種多様にあるため、幅広く手を出してしまいます。

その結果、**勉強の焦点がぼやけてしまい、必要な勉強が十分に行なえず効率が悪くなるので、高スコアを出すのに時間がかかる**のです。

それに対してもともと**英語に興味がない、あるいはあまり好きではない人は、英語への思い入れがない分、ドライに勉強ができます。**

仕事のチャンスをつかむための一つの条件としてＴＯＥＩＣのスコアが求められている、昇進に必要である、あるいはリストラへのリスクヘッジとしてＴＯＥＩＣで９００点以上の高スコアが必要であるという具体的目的に向かって、淡々と割り切って勉強ができます。

講師の指示どおりに勉強し、英語が特に好きではないため、わざわざ他の勉強法に手を出すということがありません。
その結果、早く結果が出せるのです。

短期間に結果を出せる人の共通点

英語に対して、過剰な思い入れがない。だから、英語のいろいろな勉強法に手を出さない。ＴＯＥＩＣで点数を出すための勉強に集中できる。

一般的な英語勉強法ではスコアが出ない

英語好きの人に強調したいのは、「英語力」にもいろいろな種類があるということです。

ＴＯＥＩＣの英語はビジネスシーンで必要とされる英語力に照準を合わせているため、一般の英語とは少し異なります。

このため、通常、推奨されている英語の勉強や勉強法には、ＴＯＥＩＣの短期間でのスコアアップにはあまり効果的でないものも少なくないのです。また、パートごとに適した勉強方法も異なるので、あるパートには適しているけれど別のパートには適していない、というものもあります。

英会話の勉強とＴＯＥＩＣの勉強を並行しない

英会話のレッスンは、ＴＯＥＩＣでは「まったく効果がない」とまでは言えませんが、短期間に点数を上げたいのであれば、その時間をＴＯＥＩＣに特化した勉強にまわしたほうがいいでしょう。

スピーキングの試験自体がＴＯＥＩＣにはありませんし、**一般の英会話レッスンで学ぶ日常会話の語彙や表現は、ビジネスシーンでの英語が中心のＴＯＥＩＣの語彙や表現とはあまり重複しない**のです。

また、英会話を長く習っている人が、難化傾向にあるパート７の長文読解問題に必ずしも長《た》けているとは言えず、少し複雑な英文になると読めない人もいます。

一般の英会話レッスンで登場するのは「週末は何をする予定ですか」「私は映画が好きです」「私はニューヨークで生まれ育ちました」などなど個人的近況や趣味について語る会話であったり、「この店のお勧めの料理は何ですか」「この電車はロンドン行きですか」といった旅行会話的な内容で、基本的にはフレンドリーな交流の中で交わされる会話が中心です。

一方、TOEICに登場するのは、「新しいプロジェクトの責任者には誰が適任だと思うか」「システムの不具合の理由は何か」「見積りはいつ届くのか」など、ネゴシエーション、クレーム、自分の正当性の主張といった、どちらかといえばシビアな状況での会話表現です。**英会話レッスンで学ぶフレンドリーで和気藹々《わきあいあい》とした会話とはかなり趣《おもむき》が異なります。**

また、会話力は短期間で身につくものではなく、長い時間をかけて学んでいくものです。短期決戦のTOEIC受験中はやらず、目標スコアをできるだけ早く達成したその後でスタートするといいでしょう。

NHKのラジオやTV講座はTOEICの目標点を達成後に

NHKのラジオ講座はとても内容がよいですし、リスニングの練習にもなります。「入門ビジネス英語」や「実践ビジネス英語」や「ニュースで英会話」ではビジネスに使う語彙や表現も学べます。

しかし、忙しいビジネスパーソンには、お勧めできません。1日の限られた時間をどれだけ有効に使うかが大切だからです。ＴＯＥＩＣでは平日少なくとも１〜２時間、机に向かって長文読解問題を解いたり、文法・語彙問題を解いたりといった勉強をしなくてはなりません。また、通勤時間はＴＯＥＩＣ用のリスニング練習をしたほうが時間対効果は大きいです。

仕事を持っている人の場合、勉強時間は常に不足がちです。そうした中で、ラジオ講座15分を聞く余裕はないのではないかと思うのです。

ラジオ講座を聞いたりＴＶ講座を見たりしていると、なんとなく勉強した気分になります。それで、本来やるべき勉強がおろそかになるケースが目立ちます。時間に余裕のある人が、プラスアルファとして聞いたり、息抜きとして聞いたりするのはかまいませんが、本来やるべき勉強を十分にこなしてからが原則です。

個人的にはＴＯＥＩＣで早く結果を出したいのなら、時間に余裕があったとしても、ＮＨＫの講座を聞いたり見たりするよりはＴＯＥＩＣに特化した勉強をしたほうがよいと思っています。

ディクテーションよりシャドーイングを

英語の音声を聞いて、書き取っていく「ディクテーション」という勉強法はリスニング力をはじめ、英語力全般を上げるのに効果があるとされ、昔から奨励されてきましたし、お勧めです。しかし、とても時間と手間のかかる勉強法なので、短期間に大幅に点数を上げなければならないという条件のもとでＴＯＥＩＣの勉強をしている時には、お勧めしません。

また、ディクテーションは英語を細部までしっかり聞き取っていく練習ですが、ＴＯＥＩＣではすべてを聞き取ることよりも、ポイント、ポイントを確実に聞き取れることが求められます。つまり、求められるリスニングの方向性が異なっています。

それに、**ディクテーションをすると、単語一つ一つを正確に拾わなければならず、時間がかかりすぎる**ため、他のＴＯＥＩＣの勉強に費《つい》やす時間を奪ってしまいます。結果として、点数を上げるのに予想以上に時間がかかってしまいます。

ＴＯＥＩＣ受験中はディクテーションはせず、ＴＯＥＩＣで目標スコアを達成後、さらに英語力を向上したいという方が取り組むとよいでしょう。

むしろ、TOEICにお勧めできる勉強法は、**「シャドーイング」**です。

シャドーイングとは、英語の音声を聞きながら1秒遅れくらいで真似して繰り返す練習で、通訳のトレーニング方法の一つです。聞こえてきたまま真似すればよく、初心者は数秒ずつでもかまいません。

リスニングセクションの勉強で、新公式問題集を何回も何回も聞いて、飽きてきてしまったという人に「シャドーイング」を勧めています。特にリスニングセクションのパート2の勉強にお勧めです。

シャドーイングをすると、自分が聞き取れていない単語やフレーズがはっきりわかり、リスニングの精度が上がるほか、英文の構造などが自然と頭に入ってくるので、読解力などの向上にも効果があります。

ただ、本当に時間のない方は、シャドーイングも省いていいかもしれません。リストラや昇進など、TOEICの点数が人生にかかわってくる場合には、1分たりとも無駄にできないからです。驚くかもしれませんが、シャドーイングはしなかったけど、高得点を達成したという人も意外に多いです。

短期間に結果を出せる人の共通点

英会話、NHKラジオ講座、ディクテーション……一般的に英語の力がつくといわれている勉強法が、時間のない人には遠回りになることも。時間がない場合は、TOEICに即効で効かないものには、手を出さない。TOEICを卒業後にする。

ＴＯＥＩＣと英検は傾向がまったく異なる

ＴＯＥＩＣと並ぶ英語試験に英検（実用英語技能検定）があります。しかし、**ＴＯＥＩＣと英検はまったく傾向の異なる試験です。**

英検は一般的な英語の運用力を問う試験で、問題は日本で作成されています。見たこともないような、ビジネスでも使われないような難しい語彙も出ます。また３級以上は２次で面接試験もあり、評価は合格か不合格です。

一方のＴＯＥＩＣはビジネスでの英語運用力を問う試験で、アメリカのＥＴＳという団体によって作成されているため、試験に対する考え方も、作成方法も異なります。

また、語彙もビジネス色が大変強く、通常はペーパー試験のみです。合否ではなくスコア（10〜990点）で評価されます。

ＴＯＥＩＣ満点と英検１級合格とどちらが難しいかは、一概にはいえません。

面接試験のないＴＯＥＩＣで満点を取ったとしても、英会話の経験がほとんどなければ、英検1級合格は難しいでしょう。

一方、英検1級合格者でもビジネスの世界に慣れていない人、ビジネス英語を知らない人はTOEICで高スコアは取れないこともあります。また、ビジネス英語の知識以外にスピーディーに情報を処理していくノウハウも必要です。

英検準1級、1級取得者でTOEICを受験するという人は、まったく別のアプローチが必要な試験なのだという認識のもと、新たにTOEIC向けの勉強をしてください。

また英語が好きな人の中には、英語関連の2大試験ということでTOEICと英検の両方に挑戦している方もいらっしゃいます。しかし同じ英語といっても、**方向性も内容も異なるこの二つの試験を同時に目指すと、勉強範囲が膨大になり、効率的に学べません。**

以前教室に通っていた主婦の方は、何月から何月までは英検、何月から何月まではTOEICと、時期を決めて勉強していました。英語がすごくできる女性でしたが、当時、850点から900点の間でふらふらしていて、900点突破がなかなかできない状態にありました。900点を突破するまでは集中的にTOEICを勉強するか、あるいは英検で1級に合格するまでは英検に集中すべきではと、アドバイスしました。

二つの試験は内容が異なるため、それぞれの試験勉強がもう一方にあまり生かされません。したがってＴＯＥＩＣが９００点レベルに来たのに、時期が来たからといって英検の勉強を始めると、せっかく上昇していたＴＯＥＩＣの実力がどんどん下がってしまいます。そして英検のために身につけた知識もＴＯＥＩＣの勉強期間にどんどん忘れていきます。つまり中途半端に勉強しては忘れるということを繰り返すことになります。

ＴＯＥＩＣと英検の両方に挑戦したい人は、どちらかに集中し目標を達成してから、もう一つの試験に臨むべきです。

ＴＯＥＩＣと英検両方を受けている方は、「自分の仕事と人生の目標を達成するために本当に必要な試験はどちらなのか」を考え、優先順位を決めましょう。

そして、決めたら迷わずにまっしぐらに走り抜けることです。

短期間に結果を出せる人の共通点

ＴＯＥＩＣは英検とはまったく性格の異なる試験である、ということを強く認識しているので、英検に手を出さない。

大学受験の英語とビジネス英語では、出る単語が違う

最近は厳しい雇用情勢の中、就活を有利に進めようと、大学生の中にもＴＯＥＩＣを受ける人が増えてきました。

私の教室でも１クラスに１、２名は大学生が受講するようになってきています。大学生でわざわざ教室に通うのは真面目なタイプが多いこともあり、６００点台で参加し、１ターム（２カ月）終わった直後に８００点以上を出すなど、早く高スコアを出すケースが多いです。受験で英語を勉強した記憶もまだ新しい大学生は、文法などの基礎力や長文読解力もあり、ＴＯＥＩＣのスコアが伸びやすいポテンシャルを持っているのです。

ただし、これはあくまでも適切な勉強をした場合です。

現実には、**ＴＯＥＩＣを受験英語と同種の試験だと誤解して、間違った勉強をしている大学生が目立ちます。**

たとえば、今では出題数が減少している文法問題、それもＴＯＥＩＣに出ないような難しい問題を中心に勉強したり、大学受験で使った語彙教材を使って勉強している大学生が実際には多いのです。

教室に通っていた早稲田《わせだ》大学の学生が、

「普通の大学生はＴＯＥＩＣを受験勉強と同じだと思って間違った勉強法をしているんです。特に間違った単語本、つまり大学受験の時に使った単語本をそのまま使っている人が多いです」

と語っていましたが、**受験の延長線上の勉強法ですと、すぐに壁にぶつかり、なかなかスコアアップしません。**

かつてのＴＯＥＩＣテストはパート５を中心に文法問題が多かったのですが、現在のＴＯＥＩＣの内容は大きく変わりました。

文法知識を問う問題は減り、また、大学受験のような細かい知識を問う問題はあまり出題されません。

また語彙に関しては、**大学受験の語彙とＴＯＥＩＣの語彙は大きく異なります。**

大学生たちには大学受験で人気のある語彙参考書で勉強している人が多いですが、残念ながらこれらの教材にはビジネス語彙はあまり入っていません。語数が多くてもTOEICの頻出単語が収録されていなかったりします。

実際、私の『TOEIC®テスト英単語出るのはこれ!』(講談社)には載《の》っていて、受験用の語彙参考書に載っていない単語があります。

大学生の受験者には、まず新公式問題集をやってみることをお勧めします。そしてTOEICは大学受験の英語とは違うのだということを知ってください。

短期間に結果を出せる人の共通点

大学生で高得点を出せる人は、大学受験に出る英単語だけでは不十分であることを認識している。

帰国子女、海外生活経験者といえどもノウハウは必要

ＴＯＥＩＣで**意外に苦戦するのが、「微妙に」海外滞在経験のある帰国子女や留学経験者**です。

ＴＯＥＩＣは「ビジネスシーンでの英語運用力を求める試験」なので、帰国子女や留学経験者ほど有利だという印象があります。

確かに、海外滞在経験者は基本的にリスニング力はあるので、準備しなくても最初から７００～８００点くらいは取れる人が多いのですが（もちろん個人差があります）、その後、スコアが伸び悩む傾向にあります。

というのも**帰国子女や留学経験者は体系的に文法を学ぶ機会がないので、文法知識が不足している人も少なくなく、またビジネス語彙にもそれほど長《た》けていません**。長文読解問題が苦手という人も多いです（大学院で経済学を専攻したり、ＭＢＡコースなどを修了していれば別ですが）。

特にパート3、4で「設問と選択肢の先読みをしない方法」で受験し、ここの後半部分で思いのほか問題を落としてしまったり、パート5で出題されるビジネス系の語彙で落としたり、パート7で時間内に最後まで解き切れないという人も多いです。

帰国子女や留学経験者といえども、TOEIC特有の傾向を知り、勉強することは必要です。

短期間に結果を出せる人の共通点

帰国子女で高得点を出せる人は、文法知識の不足など、自分の英語力を過信していない。TOEIC特有のノウハウの重要性がわかっている。

ＴＯＥＩＣを教える英語のプロが陥《おちい》る罠《わな》

ＴＯＥＩＣに関する参考書が書店に数多く並べられていますし、ＴＯＥＩＣ受験の講座やセミナーを開く英語学校や個人も増えています。ただ、こうした教材や講座の中にはＴＯＥＩＣの問題とはずれたものも多いので、注意が必要です。

ＴＯＥＩＣの講座で教えている先生の多くは「英語教授法や英語そのもののプロ」ではありますが、必ずしも**「ＴＯＥＩＣやビジネス語彙を熟知している」というわけではなく、**また、ＴＯＥＩＣをあまり受けたことがない人もいます。

英語のプロはビジネス英語のプロではない

ＴＯＥＩＣの講座で教えている講師は英語教育の分野で活躍してきて、ビジネスの世界で働いた経験が少ない、あるいはまったくないという方が少なくありません。ＴＯＥ

ICが求める「ビジネスシーンで必要とされる英語力」を正確に把握していない人もいます。

たとえば、英文経済紙「フィナンシャル・タイムズ」や「ウォール・ストリート・ジャーナル」の記事に頻繁《ひんぱん》に登場するfeasible（実現可能な）、viable（実行可能な）、fiscal year（会計年度）、dividend（配当金）といった語彙がビジネスシーンでごく普通に使われているということを知らない講師も、少なくありません。

もちろん、ビジネスの現場で翻訳や通訳の仕事にかかわっている方は別ですが、そういう方でTOEICにかかわっている人は多くありません。

講師の方たち自身は語彙力も豊富ですから「知識」としてこうした単語は知っていても、そのうちの**どれが「ビジネス語彙」なのか、TOEICにおいては絶対覚えるべき必須単語なのかが、見えていなかったりもします**。むしろ、外資系企業に勤めていて外国人の同僚と英語でコミュニケーションをとる機会のある人のほうが、ビジネスシーンで使われる表現はよく知っているでしょう。

ビジネスでは、よく知られた単語が通常とは違った意味で使われる場合も多いです。

“release”という単語は、一般的には「公表／公開、公表する／公開する」という意味で使われます。しかしビジネスパーソンにとって release といえば、すぐに「発売・発売する」という意味が頭に浮かびます。一つの単語でも、一般的な英語とビジネス英語では重要となる意味、語義が違ってくるわけです。

英語のプロとビジネスで英語を使っている人とでは、持っている語彙の種類が違うのです。

TOEICを毎回受けている先生でも（受けていないで教えている先生もいますが、これは論外です）、自分が常に満点を取ることを優先している方も多く、そういう場合、出題ポイントの細かい変更や出題語彙の傾向の変化に目を向ける余裕は持ちにくいでしょう。

英語力向上を重視する「英語のプロ」

英語学校で教えている「英語のプロ」の多くは、自身が英語大好きな方たちです。ですからTOEICで早く高スコアを取ることよりも、**「生徒の英語力自体を上げさせることに主眼を置きがち**です。

そのため、TOEICに出なくても、英語を学ぶうえで必要だからと、やたら難しい文法の説明に時間をかけることも多いです。

たとえば、TOEICの出題頻度がきわめて低い「仮定法の特殊な用法」やまったく出題されていない「倒置の特殊な用法」などを、「英語力として必要だから」とかなりの時間を割《さ》いて説明する先生がいらっしゃいます。

これはたとえば、M&Aのプロが意気揚々《ようよう》と難しいM&A案件について語りたがるのと同じことで、その気持ちは理解できますし、難しい文法を知ることも英語の勉強をするうえで大事なことですが、忙しいビジネスパーソンには向いていないでしょう。

また、TOEICで高スコアを取るには、リスニングでの聴き方、長文の読み方などをはじめ、問題の取り組み方にいくつかのコツや方法がありますが、こうしたテクニックを使うこと自体を「邪道」として教えない傾向もあります。

一部の英語のプロの方のこだわりを見ていると、私は20年ほど前に通った通訳学校のことを思い出します。**私はもともと英語は特に好きではなかった**のですが、当時、既婚女性が働くには通訳など英語関連の専門的な仕事しかなく、必要なスキルを得るため通訳学校に通ったのです。そこには英語自体が大好きという受講生が大勢存在しました。

彼らはネイティブのような発音、ネイティブのような英語表現を身につけることを理想とし、そんな英語力を使って仕事をすることを目指していました。

ところが、通訳の需要が高かったのは会計関連や医学や特許関連で、仕事で求められるのは、英語好きの受講生が希望するネイティブ的な表現力ではなく、専門分野の内容やテクニカルタームを理解していることでした。しかし英語好きの受講生の多くはこうした専門分野の英語にはまったく興味がなく、勉強にも不熱心でした。

ビジネス分野の翻訳の仕事をしようとする場合、内容理解力が7〜8割を占めていて英語力は残りの2〜3割あればよいという人もいるくらいですが、英語好きの人たちは、どうしても自分が学びたい英語、身につけたい英語力が第一にあり、現実に需要のある英語がどういうものかを見ようとしない傾向があったように思います。

ＴＯＥＩＣにおいても同じで、**英語好きの英語のプロは、ＴＯＥＩＣが求める英語力ではなく、自分が追求している英語を教えようとしがちです**。一方、英語に思い入れのない私のようなタイプの講師は、ＴＯＥＩＣでのスコアアップにフォーカスし、そこで必要な知識やスキルを中心に教えています。今のＴＯＥＩＣで、しかも高得点を取らせる講義となると特殊な分析と練習も必要です。

英語のプロの中には、TOEICを受けるビジネスパーソンの置かれた状況があまり理解できていない、という方もいます。学生や主婦であれば、時間にも余裕があり、大好きな英語の勉強がいくらでもできるでしょう。しかし、ビジネスパーソンが1日に英語の勉強に使える時間は非常に限られています。またキャリアのためにできるかぎり早くTOEICの目標スコアを取ってしまうことが目標で、将来英語を使って仕事をしたとしても、触れることがないであろう特殊な英語の使い方を習うことが目標ではないという人もいます。昇進要件もTOEICだけでなくて、その他いろいろな資格の取得が同時に求められている方も多く、TOEICの勉強だけを悠長にやっている余裕はない人がほとんどです。

「英語力を身につけてほしい」という熱意に溢《あふ》れて教えている英語のプロも大勢おられ、それはそれで素晴らしいのですが、その熱意はビジネスパーソンのニーズとは大きく食い違っている場合があるのです。**仕事の面で生き残るだけでも大変なこのご時世に、英語だけにかかわってはいられない、というビジネスパーソンが多い**のが実情です。

そのようなビジネスパーソンは、学校選びや参考書選びの際は、TOEICをどれだけ理解しているのか、先生がビジネス英語にどれだけ通じているのか、そしてTOEICを受ける人たちの置かれた状況をどれだけ理解しているかを吟味し、「英語力」ではなくTOEICでのスコアアップを目標にした先生を選ぶことがポイントです。

「総合的な英語力」についての言及や、熱く英語学習の理想を語る先生や本は、時間のないビジネスパーソンには要注意な場合もあります。

少々ドライな雰囲気でも、TOEICの問題を詳細に分析し、スコアアップのための勉強法を具体的に提示してくれる先生や本を選びましょう。

今のTOEICはビジネス寄りのとてもいい問題になったので、小手先だけのノウハウの習得だけでは希望どおりの点数は出ません。ですので、スピーキングは別として、きちんと勉強すれば、ビジネスで使える最低限の英語力は身につきます。

短期間に結果を出せる人の共通点

TOEICのセミナーや参考書を選ぶ時は、英語力アップとは別にTOEICのスコアアップを目標にした先生や本をきちんと選んでいる。

点数がなかなか伸びない教室生の共通点

私の教室に通っている方で、なかなか点数が伸びないという方がいます。もともと英語の基礎知識が不足していて一から勉強しなくてはならず、他の人より時間がかかってしまうという人もいますが、こういうケースの人は、正しいやり方でコツコツ勉強すれば必ず結果を出せます。

基本的な英語の知識は持っていて、それなのになかなかスコアが伸びない場合の理由は、明らかです。やり方が間違っているか、勉強時間が少ないか、文法力が不足しているかなのです。

いろいろな勉強に手を広げすぎる

英語が好きで英語力もそこそこある人の場合は、いろいろな勉強法に手を広げすぎているケースが目立ちます。英語の知識や情報がありすぎるので、「こういう勉強も必要」と思って、英語の映画を見てみたり、ＮＨＫのラジオやテレビ講座を視聴したり、英会話の練習もしてしまうのです。すでに自分なりの勉強法を持っているので、他の人のメソッドに素直に従いにくいというところがあるのかもしれません。**ＴＯＥＩＣの勉強に集中しないため、なかなかスコアが上がらない**のです。

英会話を習っていて、ＴＯＥＩＣの勉強よりも英語でコミュニケーションをするほうが楽しく、ついつい苦しいＴＯＥＩＣの勉強が後回しになっている人も多いです。

何人もの先生の講座を掛け持ちして受講したり、あちこちのブログを読みまくっている人もいるようですが、それは避けたほうがいいでしょう。それぞれの先生にはそれぞれの考え方、メソッドがあります。異なる勉強法を同時にやっても、どれも中途半端で十分な効果は望めません。非常に効率が悪く、かつ経済的にも、もったいないです。

講座にしても教材にしても、「これが正しいのではないか」「これが自分に合っている」という講師ややり方を見つけたら、とりあえずそのメソッドに従って集中して勉強をすることが必要です。そして、それでも結果が出なかったら他のものに替えるという方法を取るべきでしょう（２７２ページ参照）。

自分のやり方に固執する人

自分なりの英語の勉強法を持っている人は、それに固執してしまってTOEIC向けの勉強法に切り替えることができない、というケースがあります。

極端な例では、文法力不足のため語彙《ごい》を数多くマスターすれば高スコアが取れるかもと思い語彙の勉強しかしていない人もいます。その人は私のセミナーのほか、他の先生の講座にもいくつか出ていたのですが、結局、頑固に自分の独自の勉強法に固執し、スコアを下げてしまいました。パート5の語彙問題では、英文が読めなければ正解できない問題も多く、英文を読むためには文法を理解した上で、頭から速く読む力が必要です。

また今のパート7の長文読解問題は、語彙力だけではとても解けません。むしろ、わからない単語があっても全体の流れを把握してしまうような読解力と、必要な情報をいち早くつかむ情報収集力が必要とされています。

同じように**リスニングセクションは、新公式問題集をひたすら聞いたり音読すればスコアアップできると思いこんで、勉強している方も少なくありません。**確かに新公式問題集を何度も繰り返して聞く練習は必要なのですが、そこには聴き方のポイントがあり、ただ受動的に聞いていても効果はなかなか上がりません。

何時間も聞いていてナレーションを丸暗記するだけでは、短期間での点数アップは難しいです。

一生懸命勉強しているのにスコアが上がらないという人は、一度自己流の勉強法に固執していないか、チェックしてみることをお勧めします。

焦って、適切な勉強をしない

早くスコアを上げなくてはと焦って、間違った勉強法を取ってしまう人もいます。

500点台なのに、800点以上を目指す上のクラスを希望する人がけっこういます。

700点突破と800点、さらには900点突破では、勉強法が変わってきます。まずは文法事項を理解した上で、ある程度英文が読めるようになるのと同時にリスニングセクションでの点数を最大限に上げて700点を突破することが大事です。

教える内容は大きく違わなくても、下のクラスでは丁寧《ていねい》に説明する問題が上のクラスでは説明を省き、その代わりに難しい問題を数問追加したりするため、本来必要な説明を聞き逃すことになります。また、説明の速度も、下のクラスでは落とします。したがって、低いスコアで基本を理解していない人がいきなり上のクラスを受講しても、効果は出ません。

実際、この人はスコアが上がらないため、あとで下のクラスに替わったのですが、「スコアを早く出さなくてはと焦るあまりに上のクラスを申し込んでしまった」と告白してくれました。

気持ちだけ焦り、ノウハウの部分だけの習得で大幅に点数を上げようとして実力に合った適切な勉強をせず、かえって時間がかかってしまうという人は少なくありません。

他にも「860点を超えてこれから900点、900点以上を目指す人は『フィナンシャル・タイムズ』や『ウォール・ストリート・ジャーナル』を読む必要がある」という私の話を聞いて、まだ600点台なのに焦って、内容の難しい英字紙を読み始める人がいます。

600点台だと、文法の強化、語彙の習得とともにリスニングセクションを中心に、

勉強することがたくさんあります。難しい英字新聞よりTOEICに沿った問題集を使って勉強したほうが効果は大きいのですが、背伸びをしすぎたために本来やるべき勉強がおろそかになり、結果として点数が下がってしまうことは多いです。

また、リスニングの練習では、テスト前の仕上げとして「１・３倍速で聞く」という特訓練習があるのですが（１８３ページ参照）、まだリスニング力が全然ついていないのに、いきなり始めてしまう人もいます。

焦るあまり、合理的な判断ができず適切な勉強ができなくなってしまうのでしょう。早く高スコアを取らなくてはと焦る気持ちはわかりますが、**目の前のことを着実にこなすことが、結局、スコアアップへの一番の近道**です。スコアが上がらない人は、今必要な勉強は何か、正しい方法で勉強しているか、今一度冷静に確認してみましょう。

「手抜き」をしていることも

スコアが上がらないもう一つの原因として、「手抜き」をしていることも挙げられます。**授業で説明した勉強法を面倒くさがってやらない**という手抜きは、意外に多いです。

私はリスニング学習を通勤中にするように勧めていますが、その時には重要な箇所に印をつけたスクリプト（台本）を携帯することが大前提です。聞き取れない音は、確認しないといつまでもわからないままになって全然練習にならないからです。リスニング力を上げていくには、自分がどんな単語やフレーズが聞き取れないかチェックして、弱点が聞き取れるように、また、聞かなければならないポイントをはずさないように練習しなくてはならないのです。

設問の英文と選択肢が一緒に載っているスクリプトを携帯しなければ、設問と選択肢の先読みをしながら聞く練習もできません。

ところが、手抜きする人はスクリプトを持たずに、ただだらだらと英語を聞き流してしまうのです。何度も聞いているうちに内容は覚えてしまうので聞き取れているつもりになるようですが、こういう聞き方では点数は大幅には伸びません。

このほか、TOEICのリスニングセクションでは、聞き取りの「ポイント」がいくつもあります。最近は、聞くポイントが複雑になってきたので、スクリプトにどうマークしておくといいかまで懇切《こんせつ》丁寧に教室で示しているのですが、「スコアが上がらない」

という人と話してみると、そうしたポイントがまったくスルーされていて、こちらが唖《あ》然《ぜん》としてしまいます（手間のかかる作業といっても、コピーをして、マーカーやペンで印をつけるだけのことです）。

それに、授業で教えたポイントはマークしていても、自分が知らない単語については調べていなかったり、文法力不足や読解力不足のため英文の意味がよくわからないまま、聞き取り練習をしていて内容を理解できていないという人もいます。

こうした人はスクリプトを携帯してリスニングの練習をしたとしても、ポイントを聞く練習は全然できていないわけです。一番肝心なところ、面倒なところを飛ばしてしまい、結果的に「手抜き」の勉強をして、スコアが上がらないという人は、予想以上に多いです。

もしかすると、**手抜きをしているという意識は本人の中にはないのかもしれません。**「スコアが上がらない」と相談にきた段階で、スクリプトを持たずにリスニングの練習をしているとか、スクリプトにポイント箇所の印をまったくつけていないといったことが明らかになり、「そうだったんですか？」と本人自身がとても驚いていることがよくあるからです。

無意識のうちに手間のかかる勉強法を排除して、楽な勉強法をしようとしてしまったのでしょう。客観的に見ると、必要なことをやらない明らかな「手抜き」なのですが、本人は無自覚で、それなりに勉強しているつもりなのです。このような事例は、よくあります。自分があまり好きではない勉強、ちょっと面倒な勉強を無意識に避けていないでしょうか。

「手抜き」をしている人に共通しているのは「聞くだけ」「暗記するだけ」という「受け身」な勉強ばかりをしていて、自ら判断したり分析したり、あるいは自分に合った勉強方法を自分で作り上げるという作業を避けがちだということです。

無自覚に「手抜き」をしていないか、一度冷静に自らの勉強法を見つめ直してみるとよいかもしれません。

逆に、短期間で点数を上げる人は、私も驚くような効率的な勉強方法を編み出したり、私が教えたことを自分流に改良して私よりも素晴らしい方法を考え出します（第3章参照）。こういう人を見ると、「仕事のできる人だろうな」と思ってしまいます。普段から、創造力を鍛えておくことが大事です。

文法力不足、語彙力不足の場合も

昨今、難化傾向にあるＴＯＥＩＣでは文法力の欠如は致命傷になります。パート5的な穴埋め形式の文法問題ができない、という意味以外に、文法に抜けが多いとパート7の長文が読めません。分詞、関係代名詞、接続詞を含む複文になると読めないという人がいますが、特に難化傾向にあるパート7で大量に問題を残して時間切れという結果になります。また文法が弱いとパート2後半の少し長めの英文も聞けません。英文の意味がわからなければ単語しか入ってこないからです。加えてパート3＆4の設問と選択肢の先読みができません。

文法力不足の場合、パート7に続き次に大きな影響を及ぼすのがパート4です。パート4ではひとりが長めの英文を読むため、英文が読めない人にとっては、単語しか頭に入ってこず、単語はわかるけど何を言っているのかわからずスピードについていけなくなるのです。

まずは文法を理解する→理解した文法を基に戻り読みでいいので英文を読めるようにする→戻り読みではなく頭から速いスピードで読めるようにする、ことが重要です。

また、英語のテストですので語彙力の強化は必要です。これはTOEICに限らず、TOEICを卒業して英文を書いたり、話したりする場合にも言えることです。TOEICの勉強で覚えた単語や熟語は、将来仕事で書いたり話したりしなければならない時に役立ちます。それだけビジネスの現場で使われるものが多いのです。

短期間に結果を出せる人の共通点

反面教師として、なかなかスコアが伸びない人は「やり方が間違っている」か、「勉強時間が少ない」か「文法力不足」の場合が多い。

不器用でも努力すれば伸びる。その実例

ＴＯＥＩＣに合わせた効率的な勉強法や、問題を解くうえでのいくつかのコツ、ポイントというものは存在しますが、これらは知っているからといって、本番ですぐにできるようになるわけではありません。

リスニング問題を聞く際にポイントがあると知っていても、リスニングが苦手な人は最初はポイントを押さえて聞くことなど、なかなかできないでしょう。返り読み（１８７ページ参照）をしないようにと言われても、クセがついている人が語順どおりに読むためには練習が必要です。

このように、点数アップのためのポイントはわかったけれど、不器用なためにそのとおりになかなかできず苦労しているという人もいます。

こういう人は、すぐにはスコアが伸びないかもしれませんが、**正しい勉強法で着実に努力すれば、結果は必ず出ます。**

Aさん（会社員）は私の教室に初めて参加した時、300点台でしたが、リスニングセクションを中心に頑張って努力して、半年後に680点までスコアをアップさせました。通常より時間はかかりましたが、スコアを倍に伸ばしています。

教室には2期にわたって通いましたが、

「僕は不器用なので、教室だけでは足りないと思ってセミナーも受けました」

と、教室と教室の間に開かれた1日セミナーにも参加していました。

Aさんが教室に参加した理由は、勤務先の会社があと数年しかもたないかもしれず、今のうちにTOEICの点数を上げておいて万一の時に備えておきたい、というものでした。

セミナーではTOEICの勉強のポイントをダイジェストで紹介しています。教室では週1回2カ月間で詳しくポイントや勉強法を解説しています。

もともとある程度英語力があって、さらに勘がよい人は、セミナーに1回参加するだけで、勉強法をマスターして目標スコアを達成してしまいます。

また2カ月間の教室に通って、プリントの問題を多くこなすなど、より細かい勉強をすることで、要領を得る人もいます。

しかし、ＴＯＥＩＣの勉強のためのポイントはかなり多く、かつ結構細かいので、Ａさんのように不器用なタイプは、１タームでは情報を把握しきれない場合があります。Ａさんが素晴らしいのは、自分で納得するまで、何度か教室に通ったこと。**英語は苦手だったけれど、自己分析が的確**で、着実に努力して結果を出しました。まだリスニングのスコアに伸びる余地があるので、もう少し自分で努力して高スコアを目指してみるとＡさんは語ってくれました。ＴＯＥＩＣは正しい方法で勉強すればきちんと結果が出る試験なのです。

短期間に結果を出せる人の共通点

勉強の要領が悪くて不器用でも、正しい努力をきちんと続けていれば点数は出る。ただし、「正しい努力」であることが必要。

「英語嫌い」でも目標があれば、高得点が出せる。その実例

英語が嫌いで、特にTOEICのパート5の語彙・文法問題が苦手という女性の受講生・Bさんがいました。リーディングセクションではパート7から解いて、パート5はほとんど捨てていたそうです。

ところが将来のためにTOEIC600点以上を取得しておきたいということで教室に参加。リスニングはそこそこできたので、スコアを上げるためにはパート5を勉強する必要が出てきました。そこで彼女は教室の授業で説明に使っている頻出順に並べた文法教材と、パート5向けの文庫『1日1分レッスン！　TOEIC®TEST』シリーズ2冊を合わせて、いわば自分用の合体版を作りました。

教室の教材を参照して文庫の問題それぞれを頻出順に色分けし、解説を読み、理解できない箇所は参考書を読んで理解する、ということをしたのです。地道な作業ですが、じっくり取り組んだそうです。それまでは、パート5関連の教材に対して苦手意識が強

く敬遠していたけれど、日本語の解説をじっくり読んでみたら理解できたそうです。

パート5ができるようになって、Bさんはあっさりと650点が出ました。「こんなにわかるようになるなら、もっと早くからパート5の勉強をしておけばよかった」と笑っていました。

英語は嫌いだったけれど、彼女はいつも一番前に座って勉強していました。そういう人は高得点を出すのが早いです。やりたい仕事があって、どうしてもTOEICのスコアが必要だというシチュエーションに追い込まれると、英語が好きか嫌いかなどと言ってはいられません。

面白いもので、パート5ができるようになって**スコアが上がり始めると、嫌いだったはずの英語が面白くなってきた**そうです。やっぱり点数が上がると楽しくなる。苦手な部分が補強されてくると、英語自体はそんなに嫌いではないことに気がつくのです。TOEICをきっかけに、いやいや英語の勉強をしたことで英語が好きになったという人は結構多いです。

基本的な文法がわかっていなければ、パート7の長文のように、長めで複雑な英文は読めません。文法がまったくダメという人は、まずは彼女のように文法を理解することから始めましょう。パート7の長文が読みやすくなるはずです。

短期間に結果を出せる人の共通点

「英語は嫌い」と言っていた人も、正しい方法で勉強することでTOEICの点数がアップし、結果的に英語の勉強も好きになる。

第2章

時間のない人ほど高得点を出せる

「時間がない」という人ほど、実は時間がある。時間は作るもの

私の教室に参加する方の多くはビジネスパーソンです。

仕事で忙しい日々を送りながらＴＯＥＩＣの勉強をしているわけですが、**「時間がない、時間がない」と口癖のようにいう人ほど、実際は結構、時間がある**ことを発見しました。

教室生の様子を観察してみると、通勤時間に英語ではなく音楽を聴いているし、他にも無駄にぼんやりしている時間がたくさんあるし、飲み会に月に何回も行っている。女性だったらエステに行ったり、映画館にロードショーを見に行ったりしています。

本当はちょっと工夫すれば勉強する時間はいっぱいあるのに、「時間がない」と言っている人が少なくありません。厳しい言い方をすれば、考え方が少々甘い人が多いのです。

本当に時間がないのに短期間で点数を上げる人は、「時間がない」といちいち言いま

せん。彼らは、時間がなければ作るしかないということを、よく知っているからです。

忙しい業務の中で、そうした体験を過去に何回も繰り返しているからかもしれません。

忙しい人は、時間は作るもの、ゲットするものという考えが体にたたき込まれています。当然、そのためには何かを諦《あきら》めなくてはなりません。

飲み会に行くのをやめる、家族との団らんの時間を削る、そして睡眠時間を削る。

そうやって時間を作っているのです。

TOEICの勉強はそんなに長い期間には及びません。効率的に勉強すれば、2カ月〜半年のことです。**覚悟を決め、しばらくは、いろいろなことを諦めて勉強時間を作り出しましょう。**

「TOEIC強化期間」を作って勉強した人

TOEICの目標達成のデッドラインを定め、それまでの間は**「TOEIC強化期間」として、ひたすら勉強していた**Cさんという男性がいました。金融関係の仕事に就いていて、教室参加後、500点台から730点を出したのですが、2年後に、今度は

900点を目指してまた教室に申し込んできたので、

「忙しいのに頑張りますね」

と言ったら、

「TOEICタイムを決めて、その間はTOEICの勉強に没頭するようにしてるんです」

という答えが返ってきました。

だらだら勉強するのではなくて、「この期間はTOEIC強化期間」と決めて勉強するのは、なかなかいい考えだなと思いました。Cさんは別の会社のM&A関連業務への転職を考えていてTOEICを受験していたのですが、2年後の2度目の教室参加の時には、すでにそれを実現させていて、

「900点を突破すれば、その会社のM&A部門のヘッドになれるから」

と明確な目標を持っているのも印象的でした。2度目の教室終了直後に860点を達成、900点には少しだけ及びませんでしたが、よく頑張ったと思います。

860点達成直後、M&Aがらみの海外出張が増え、900点は断念し、発話訓練中心の英会話学校に通い、ビジネス英語の本でビジネスで頻出する表現を覚え、海外での

重要な会議をこなしています。

自らの職を守るため、2カ月間で900点突破

2カ月間の勉強で、なんと945点を出した人がいます。大使館勤務の女性Iさんです（大使館勤務といっても、英語はまったく使っていない部署だったそうです）。

彼女の場合は自ら目標を設定したのではなく、勤務先から1月初旬に「3月までに（今から2カ月半以内に）860点を取らなかったらリストラ対象になる」と通告され、「TOEIC強化期間」を作らざるをえない状況になりました。

目標達成までの期間にも猶予がなく、さまざまな教材に手を広げて勉強する時間もない中、書店のTOEICコーナーで、TOEIC本をくまなくチェックし、私の『1日1分レッスン！　TOEIC®TEST』シリーズ他、私の本全部と新公式問題集全部を買い、勉強を始めたそうです。

2カ月間勉強して、もし結果が出なかったら、他の教材に替えようと考えて、とにかく集中して勉強したそうです。

その勉強ぶりは猛烈なものでした。平日は通勤の往復2時間でリスニング、昼食時に25分リーディング、帰宅後に3時間は私の本に書いたやり方に従って、勉強。**計5時間半近く勉強し、さらに週末は1日8時間ひたすら勉強**したそうです。

きっと睡眠時間を大幅に削って勉強していたと思われますが、仕事がかかっていたから必死だったそうです。

そして、本番のテスト1週間前に行なった私の「リーディングセミナー」に参加。リーディングの勉強について説明するセミナーでしたが、そこで私は、「テストまで1週間はひたすらリスニングです」と言いました。

彼女は私を信じ、1週間ひたすらリスニング。本番では、リスニングは満点に近い点数を取ることができました。

勉強スタート当初は『1日1分レッスン!』シリーズ1巻目のうち3分の1くらいしか正解できず、そのまま2冊目に移行しても半分しかできず、「文法をきちんと理解する必要性」に気付き、以降、文法書と首っぴきで1問ずつきちんと理解するようにしたというIさんは、わずか2カ月後に945点を達成したのです。その集中力は素晴らしいというしかありません。

短期間に結果を出せる人の共通点

「時間がありません」などといちいち言わない。勉強時間は、何かを諦めることで捻出する。ＴＯＥＩＣに集中するその数カ月は、「ＴＯＥＩＣ強化期間」と呼んでいる。

勉強の週間スケジュールを作れる人は高得点を出せる

早く高スコアを出す人は、おおむね時間管理能力の高い人です。

「○月までに何点突破」とデッドラインを自分で決めて、目標を達成するためにやるべきことを逆算して割り出し、スケジュールを作っています。

これは仕事と同じです。デッドラインに向けてプロジェクトのスケジュールを組むように、ＴＯＥＩＣもスケジュールを組めばいいのです。

時間管理能力の高い人のスケジュールの特色は、１週間の勉強内容、１日の勉強内容をとても具体的に決めていることです。

たとえば、リスニングだったら月曜は新公式問題集のこれを聞く、語彙・文法問題のパート5はこの日にまとめて問題集を○ページやる。読解のパート7はこの日は新公式問題集を○問解き、この日は市販の問題集を○ページやるなど、その日その日の勉強項目を細かく決めている人が多いです。さらに週末は、やるべき勉強と、平日に予定していたけれどできなかった分の調整に充《あ》てています。

このように、**1週間単位で勉強のスケジュールを立てる**のがよいようです。

勉強時間数を決めるだけでなく、1週間にやるべきことを、時間割のように詳しくスケジュールにしている。こういう人は、着実に力がつき、スムーズに高得点突破を達成していきます。

短期間に結果を出せる人の共通点

目標達成のためにやるべき勉強内容を割り出し、それを1週間単位のスケジュールに落とし込むことができる。

短期集中のほうが高得点を出しやすい。目安は「3カ月」

TOEICというと、漠然と1年といった長丁場で勉強するものと考えている人が多いのですが、これは目標期間としては長すぎます。

教室やセミナーでは、**TOEICの勉強期間の目安は3カ月**としています。

実力と目標スコアによっては、半年間を目安にすることもあります。

たとえば、500点台以下の人が800点以上を目指す場合、まずは730点突破。次に800点突破と、それぞれのゴールを2回に分けるのです。一つの目標達成期間は3カ月です。

誤解のないように申し上げると、TOEICの勉強は3カ月程度で楽勝、というわけではまったくありません。**3カ月で目標達成するためには、かなり集中して勉強する必要があります。**この3カ月間は、週末も通勤時間もひたすら勉強。かなりハードな日々を送らなくてはなりません。

そこまで頑張らなくても、勉強期間を長く設定すればいいのではないかと考える方もいるでしょう。

しかし、「3カ月」とタイトな期間設定をするのには理由があります。

要は、勉強期間は**短期間のほうがモチベーションも高く維持され、集中して勉強できます。**長くだらだらと続けると次第に焦点がぼやけてきて、さまざまな情報に振り回され始める人が多いです。短期集中のほうが、目標を達成しやすいのです。

実際、私の教室は2カ月コースですが、修了と同時に、あるいは修了前に結果を出してしまう人が少なくありません。100点アップだったらリスニングを2、3週間頑張っただけで達成できるケースも多く、教室生の中には数日で達成する人さえいます。

英語が苦手だったという人、ずっと英語から遠ざかっていた人でも、文法の理解、語彙力の強化は必須ですが、リスニング中心の学習で、3カ月で目標スコアを出す人は大勢います。

時間があれば、それだけ丁寧に勉強ができると思いがちですが、現実には勉強期間が長いと集中力も落ち、だらだらと勉強しがちです。さまざまな情報に振り回されるだけでなく、不安になり、つい、いろいろな教材に手を広げて、焦点がぼやけてくることもあります。また、勉強期間が長期間に及ぶと、せっかく覚えたことを忘れて再び学び直したりと無駄も多くなります。

もともと試験のための勉強は、基本的にそんなに楽しいものではありません。TOEICの場合は新公式問題集を学習の中心に置くので、長期間になると、同じような英語を聞いたり読んだりするのに飽きてきます。

TOEICの勉強は数カ月間集中し、さっさと片付けるものと思い定めましょう。目標スコアを達成して、さらに英語力を身につけたい人は、今度は英会話をやったり、英語のライティングの勉強をしたりと次のステップに進めばよいのです。

短期間に結果を出せる人の共通点

時間をかけても、それで高い点数が出るものではない、ということを十分に理解している。3カ月を目処《めど》に、目標を達成する。そのために、その3カ月は徹底的に集中する。

社会人の勉強時間は？

それでは、3カ月でTOEICの目標スコアを達成するために必要な勉強時間はどのくらいなのでしょうか。

週1回3時間の授業を受けている**教室生の場合、平日は通勤往復2時間、自宅で1時間の合計3時間、週末は土日各3時間をTOEICの勉強に充てる**のが、「最低ライン」です。

短期間で大幅な点数アップを狙う人は、さらにお昼休みの15分間や営業などでの移動時間も、勉強に充てています。

私の教室に参加し、効率的な勉強法を知っている人たちも、通勤時間はリスニングの勉強に充て、帰宅後あるいは出勤前に1時間、机に向かってパート7の読解問題やパート5の語彙・文法問題を中心に勉強をしています。

860点以上の高スコアを目指している人は、ビジネス関連の語彙や読解力をつける訓練のため、昼休みに10分とって、**英字ビジネス紙「フィナンシャル・タイムズ」や「ウォール・ストリート・ジャーナル」などの記事2本をそれぞれ5分で読むよう勧めています**。ネット版であれば安く購読できます。

週末の2日間は集中して机に向かって勉強ができる時なので、パート7の長文読解関連やパート5の語彙・文法関連を中心に、リスニングセクションを含む全般の勉強をやります。さらにその週の予定分でできなかった部分も一気にこなします。とりあえず週末は土日各3時間としていますが、必要に応じて5時間以上勉強する人もいます。**教室に通っていない方は、これよりもさらに勉強時間を1日1時間以上増やすか、週末に2〜3時間増やすかしなければ、目標達成にはもう少し時間がかかる**と考えてください。

この勉強量を実践するとなると、さまざまなことを犠牲にしなくてはなりません。平日の飲み会は諦め、休日の家族との団らんの時間も大幅に減らすしかありません。お子さんたちとどこかに遊びに行くといったこともしばらくは諦めていただくことになります。

3カ月間家族に協力してもらい、目標の730点を突破した後で家族みんなで盛大にお祝いをしたという生徒さんもいます。短期間でさっさと結果を出して、その後家族サービスに努めるなり、友人との付き合いを復活させるなりしましょう。

短期間に結果を出せる人の共通点

勉強時間は平日で3時間。週末は土日各3時間。これがギリギリの最低ライン。さらに1日1時間増やしたい。

ビジネスパーソンの勉強時間の作り方

仕事が忙しい人の中には、1日1時間の自宅での学習時間を取るのが大変な人もいるでしょう。深夜に帰宅して朝早く出勤という方には、せめて朝食時間や着替えの時間にリスニングセクションのパート2の英文を聞く練習をするようにと、アドバイスしています。

そこまで過酷な状況でなくても、仕事で疲れて帰ってきた後、なかなか机に向かえないという方は、**帰宅後早めに寝て、朝勉強するのもよい**かもしれません。早めに起きて、**出勤前に1時間勉強する**のです。

朝は、新鮮な気分で吸収力も高まっています。また出社時間というデッドラインがはっきりあるので、その分、集中力が高まって、思っていた以上に勉強がはかどります。早く家を出て、会社近くのコーヒーショップで朝食をとりつつ1時間勉強している方もいます。特に男性は朝早く起きて勉強するのが好きな方が多いです。

もう一つ、男性に人気があるのは**お風呂での勉強**です。リラックスできて効果が上がるからなのでしょうか。リーディング分野の勉強をする人が多いですが、中にはリスニングの練習をする人もいます。お風呂学習用に防水仕様のCDプレーヤーを買った方もいました。

確保するのがなかなか難しいのはお昼の勉強時間です。どうしても同僚たちとお昼に行って、だらだらと過ごしてしまうことになりがちです。この期間はランチはひとりで食べることを宣言して勉強するか、あるいは他の人より10分くらい早くオフィスに戻って、仕事をしているふりをしてパート5の問題を10問解いたり、ネットで英字紙を読んだり、外資系企業であれば社内に届く英文メールやレポートを読むなど、それなりの工夫が必要です。

移動時間や待ち時間など、ちょっとした隙間《すきま》時間を無駄にせず勉強することも大事です。**細切れの勉強も積み上げていくと、着実な実力アップ**につながります。

鞄《かばん》の中にはいつも勉強道具を

隙間時間を上手に利用して勉強するためには、**通勤や外出の際、鞄の中に必ず、勉強道具を入れておく**ことが基本となります。仕事が忙しい人は、ちょっとした待ち時間や移動時間、空き時間にも仕事ができるように仕事の資料を鞄に入れていると思いますが、それと同じことです。

TOEICの受験生に勧めている携帯勉強道具は、まずリスニング関連です。**新公式問題集の音声をスマートフォンなどに入れ、そして確認のための英文スクリプトも忘れずに。**８６０点以上の高スコアを目指す人は、リーディング用の教材として**英字紙の記事数本をネットからダウンロードし、プリントアウトしたもの**を用意するのもよいでしょう。

この他、単語帳やパート5の問題集、電子辞書など各自必要に応じた勉強道具を鞄に入れておくといいでしょう。ただし、なんでもかんでも詰め込むよりは、その日の空き時間にやるべき勉強内容をあらかじめ決めておき、勉強道具を厳選したほうが、荷物は軽くてすみ、かつ効率的に勉強ができます。

短期間に結果を出せる人の共通点

自宅での勉強時間を作るために、朝の時間を上手に活用している。隙間時間を上手に使うため、鞄の中にはいつも目的に合った勉強道具が入っている。

自宅でなくても勉強場所になる

苦労して作った時間に密度の濃い勉強をするためには、環境も大切です。

自宅での勉強は家族もいてなにかと気が散りやすく、集中しにくいものです。そこで週末は、図書館で勉強する人が多いです。

平日も**帰宅後、近くのマンガ喫茶に出かけて勉強するという教室生もいました。**お金をかけたほうが、お金がもったいないという気持ちがあるので、集中して勉強できるという理由からだそうです。

最近は都市部ですと駅の近くに**ビジネスパーソン向けの月契約の自習室**も登場しています。机やＬＡＮが利用できたり、パソコンや教材をそろえているところもあります。15分単位で２００円と安く借りられるレンタルオフィスなどもあります。

喫茶店の中には、勉強席が設けられているお店もあります。

自宅ではなかなか集中して勉強できないという方は、数カ月間、自習室を借りてみるのもよいでしょう。

なお、都内の図書館では、広尾《ひろお》の都立図書館がお勧めです。開館時間が長く机も広いせいか、勉強している社会人が多くて、学習には理想的です。

逆に一人暮らしで、家ではリラックスしすぎるので、スターバックスコーヒーなどの**コーヒーショップをハシゴして勉強するというケース**もありました。プライベートな場所よりも、他人の目のある公共の場所のほうが、適度な緊張感があって勉強に集中できるそうです。

小さいお子さんがいる女性で、こんな人もいました。教室のある土曜日はご主人に子供の世話をしてもらい、授業が終わった後、まっすぐ帰らず近くの喫茶店で数時間勉強をするのです。

このように集中して内容のある勉強ができる環境確保のため、皆さんそれぞれ知恵を絞っています。

ただし、喫茶店は他のお客さんもいますから、混雑具合をよく考えて、迷惑にならないように注意してください。

さらに電車の中を勉強場所として使うために、さまざまな工夫をしている人もいます。

通勤時間の勉強も、毎日乗車駅から始発駅までわざわざ戻り、座ってじっくり勉強する人、各駅停車なら座れるからとわざわざ各停に乗って座っていく人……さまざまな技を使っている人たちがいます。また、ご主人のお母さんを介護していて、週末も家では勉強ができないという女性は、空いた時間に井《い》の頭《かしら》線を行ったり来たり往復して、車内で勉強していました。

さまざまな事情があって、思うように勉強ができないという方もいらっしゃると思いますが、考えをめぐらせれば、集中して勉強できる環境は作れるものです。諦めず頑張りましょう。

短期間に結果を出せる人の共通点

喫茶店、図書館、電車……自宅だけが勉強する空間ではない、ということを知っている。どこでもすぐに勉強できる柔軟性がある。

復習はすぐにやれ

TOEIC関連の講座やセミナーに出席したら、できるかぎり早く復習をしましょう。**一番理想的なのは、帰りの電車の中でざっと復習して、その夜か翌日にもう一度やること**ですが、それが無理でもせめて2、3日以内に復習すべきです。そうしないと、思っている以上に講義内容は忘れてしまうからです。

これは教えている側としての実感です。

というのも、受講生の質問を受けると「この間、1時間近くかけて説明したのに」というような内容がすっぽり抜けている人がけっこう多いのです。そういう人は、どうやら復習をちゃんとやっていないか、あるいはかなりたってから復習しているようです。早く復習していれば身についたはずのことをキレイに忘れてしまっているのです。

会社帰りの平日の講座を受講している人は、家に帰ってからの復習はなかなか難しいでしょうが、できれば翌日にはしっかり復習してほしいものです。時間がたてばたつほど、大切な記憶が抜けていきます。1週間近くたってしまうと、ほとんど忘れてしまっています。

ちなみに記憶は、**忘れる直前にもう一度覚えると、定着率がよい**そうです。効率よく勉強するうえでも、復習はできるかぎり、すぐやりましょう。

短期間に結果を出せる人の共通点

復習の重要性を理解しているので、できるだけ早く復習する。最低でも、2、3日以内に実行する。

ＴＯＥＩＣの勉強には攻略順がある。まず、リスニング

ＴＯＥＩＣのスコアを早く上げるためには、どのパートも等しく勉強していてはいけません。**効率よく点数を上げるには、重点を置いて勉強すべき順番**があります。

５００点台あるいはそれ以下という人は、まずリスニングセクションに重点を置いて勉強しましょう。ただし、文法力や語彙力があまりにも弱い場合には、英文を聞いたり読んだりする際に最低限必要な文法と語彙は同時並行で学習する必要があります。

リスニングはパート３から始めよう

５００点台以下の人で昇進要件が７３０点レベルなら、とにかくリスニングを先に集中してやってください。中でもパート３です。パート３の解き方とパート４の解き方は基本部分は同じなので、**パート３を制覇すれば、パート４の制覇も容易**になり、これで

リスニングセクションの6割は制覇できることになります。

パート2は音を聞く練習が必要ですがやり方さえ正しければ、パート3や4に比べて早くマスターできます。

なぜリスニングパートから進めたほうがスコアアップにつながるのでしょうか。

受験勉強を頑張ったものの会話経験の少ないビジネスパーソンは、リスニングに苦手意識を持ち、最初から諦めている方が少なくありません。しかし、TOEICのリスニングに限定すれば、聞き方のポイントを押さえて、正しい方法で毎日コツコツと聞き取りの練習をすると、着実に伸びます。TOEICのリスニングは範囲がある程度限定されているので、思ったほど大変ではありません。特にこれまでに**リスニングの勉強をきちんとやったことがない人たちの場合は、のびしろが大きいのでその分、大きくスコアアップする可能性**があります。

TOEICの点数の計算方法も関係しています。リスニングセクション、リーディングセクション、それぞれ別々に点数を出し、合わせたものが最終的な点数になるわけですが、その点数の出し方のために、リスニングセクションのほうが高い点数を出しやすいようです。新公式問題集の裏に、点数のカウンター表が載っていますが、リスニング、リーディングを同じ数間違えたとすると、リスニングのほうが点数が高いことは簡単に見てとれます。したがってリスニングで正答数をより多く出したほうが、それだけ効率よくスコアが上がるのです。

860点突破を目指すなら、リーディング力の底上げが大事

教室参加者を見ていると、TOEICには730点、860点の二つの大きな壁があるように思います。最初の730点の壁は、基本的な文法を理解し、必要な単語を覚えポイントを押さえたリスニングセクションの勉強を集中的に行なえば、わりと簡単に突破できます。難しいのは次の860点の壁です。

リスニングセクションを攻略してスコアアップして、今度は860点以上の高スコアを目指すとなったら、リーディング力自体の強化を図らなければなりません。パート7の長文読解的な勉強だけでなく、日ごろから一定量のビジネス関連の英文にも触れ、パート5でどのような語彙・コロケーション（単語と単語のよく使われる組み合わせ）が出ても取れるようにしなければなりません。リーディング力の底上げをすることによっ

て、パート3や4の設問や選択肢の先読みも楽になります。

また、近年パート7の長文読解問題では問題文の英文の量が増え、情報収集力を問う問題や解答に時間のかかる知能テストのような問題の出題もあり、難易度も増していきます。

800点保持者でも時間が足りず5〜10問解けなかったという人も多いです。したがってリーディングセクションのスコアを上げて高得点を達成するには、**パート7を攻略しなければなりません**。

ただし、**リーディング力の底上げには時間がかかります**。勉強してもスコアにすぐに反映されていくわけではないのです。高得点を狙う場合、問題文の全文読みは必須で、かつ英文を均等に読むのではなく情報やポイントを押さえながら速いスピードで読まなければなりません。またTOEIC特有の解答手法に慣れることも大事です。もちろん、860点以上を目指す際も、リスニングセクションの点数をさらに上昇させるように勉強することは大切です。**リスニングで可能なかぎりの高得点を出し、残りの必要点をリーディングで取得するのが、高スコア達成の早道**です。

パート7は時間を計って勉強する

読解力はちょっと勉強しただけでは力がつかないので、毎日の練習が必要です。したがって、高スコア獲得に絶対必要なパート7の攻略には、毎日の練習が必要になります。新公式問題集だけでは問題数が足りないので、パート7に関しては市販の問題集も並用します。毎日、シングルパッセージ3題、ダブルパッセージ2題を解いていきます。

その際、大切なのはシングルパッセージ3分、ダブルパッセージ5分のように、**必ず時間を計って解く**ことです（シングルパッセージは問題によって英文の長さ、設問の数、難易度が異なるため、必要な解答時間も変わります。目安は問題数が3問であれば3分、5問であれば5分、と［問題数×1分］になります）。

実際の試験を受けた方はおわかりでしょうが、**パート7は普通の速度で読んでいたらまったく時間が足りません**。時間内に問題文を読み、設問をひたすら解いていかないと最後まで終えられないのです。

英文を読み慣れていない人は、最初はとても時間内には読めないでしょう。まずは、時間内で読み切るというスピード感を養《やしな》うようにしましょう。

なお、**パート7の長文を読む時の一番のポイントは、「丁寧にじっくり読まない」**ことです。「え?」と驚かれるかもしれません。学校の英語の授業の長文読解は「丁寧に読んで正確に内容を理解する」ことが基本でした。しかしパート7ではこうした通常の英語の読み方はしないでください。問題集に取り組む際には、「ざっと要旨をつかむ」「読むべきポイントを押さえる」読み方をするように心がけ、まずは「時間内に解ける練習」をしましょう。

TOEICで求められるのは、丁寧にすべてを理解する力ではなく、少々粗い読み方でも、短時間にざっと要点をつかむ読解力なのです。端的にいえば、**必要な情報を拾いながら全文を読む、という読み方が大事**です。これはビジネスで必要とされる力です。海外関連のビジネスに携わっている生徒さんからよく耳にするのは、1日に大量の、時には100ページ以上の英文資料を読まなければならず、必然的に必要な情報を拾いながら全文に目を通すという読み方をせざるをえないということです。

時間内に問題をこなす練習を中心に

新公式問題集を解く場合と違い、**市販の問題集について誤答した場合、英文の内容を細かく分析する必要はありません。**というのも、市販の問題集の解答に関しては単純に執筆者のスタンスの違い、趣味の違いというケースもあるからです。

ＴＯＥＩＣの作成元であるＥＴＳが作成している新公式問題集に関しては、丁寧に解答を分析して理解する必要がありますが、一般の問題集については解答に納得できなかった時は深追いする必要はありません。間違いはあまり気にせず、むしろ、多くの問題を時間内にこなすことで、読むスピードを上げることと必要な情報だけをつかむ練習に集中してください。

最近は、ＥＴＳが作成し、韓国で出版されている模試本もあり、８００点達成後にこれを使って学習している人も増えています。解説がハングルで何が書かれているかわからないという欠点はありますが、ある程度力のある人がパート7の読解問題での問題量をこなして本番に近い問題に慣れる、という意味ではいいと思います。

こうして毎日リーディングの練習をするうちに、ざっと読んでいくスピード感、重要なところはしっかり、それ以外はさらっと読み流すリズム感がつかめてきます。常に時間を計って読み、しっかり感覚を身につけましょう。

短期間に結果を出せる人の共通点

効率よく点数アップするための、勉強すべき順番を理解していて、その順番に沿って勉強している。

パート5にだけ重点を置くのは効率的ではない

これは教室生の例ではなく、一般的な傾向なのですが、TOEICの出題傾向の変化に気がつかずに、ピントのずれた勉強を続けているためスコアが伸び悩んでいる人も多いです。

TOEICでは、パート5を中心に勉強すれば、そこその点数が取れると思っている人が少なくありません。9年前のテスト改変以前はパート5は文法問題が多く、日本の受験英語とも雰囲気が少し似ていました。文法が得意な日本人には、もっともとっつきやすいパートだったといえます。パート6も文法問題が中心で、パート6と合わせれば実際に問題数も多かったので、たしかにスコアを稼ぐことができました。

しかし、パート5の問題は大きく変化しています。最近は文法問題が減り、ビジネス関連の語彙問題の出題も増えています。

現在、文法問題といえるのは、多い場合でもパート5と6の6割程度です。それ以外は語彙問題や熟語問題、コロケーション問題で、それも語彙問題はビジネス色の強いものに大きくシフトしています。

かつてはobservatory（天文台）といった単語も登場しましたが、現在ではビジネスに関係のないこうした語彙の問題は考えられません。

さらにパート7の比重が上がり、パート5だけに力を入れてもスコアアップに大きく結びつかなくなってきています。

こうした問題内容の変化も加わり、数年ぶりにＴＯＥＩＣを受けると、１００点以上スコアを落とす人が多いです。

しかし、この変化は、あまりよく理解されていないようです。

今も予備校などでのＴＯＥＩＣ講座では、パート５（しかも文法問題中心）を中心にした授業を行なっているところが多いですし、ＴＯＥＩＣ向けの教材も、昔ながらの文法中心のパート5対策本がまだまだ目立ちます。こうした文法問題が大量に載った教材で、たとえば前置詞の用法を細かく覚えたとしても、前置詞の用法は幅広いのでそれが出題される可能性は限りなく低く、非効率な勉強をしていることになります。ただ、パート7の長文は、少し長めのパート5の問題文を組み合わせた文と同じなので、少し長めに作成されたパート５用の英文を頭から短時間で読む練習をすれば、７００点以下の人であればパート７もある程度読めるようになるのでお勧めです。

語彙問題は、知っているか知らないかですから、ある意味無限に勉強しなくてはなりません。しかもパート５には通常の語彙教材に載っていないようなビジネス語彙も出題されます。英文を読みながら８６０点以上を目指す人は「フィナンシャル・タイムズ」や「ウォール・ストリート・ジャーナル」（それぞれインターネット）の記事を読みながら、語彙やコロケーションや前置詞の使われ方などを気長に学ぶ必要があり、効率的には勉強しにくいのです。

９００点以上の高スコアを目指す場合は、パート５のビジネス語彙やさまざまなコロケーションも確実に身につけて、問題の取りこぼしを最小限にしなくてはなりません。しかし、まだその段階に来ていない人は、パート５もさることながら、まずはリスニングセクションのスコアアップを図ることが先決です。

また、あまりに文法が弱い人は、それが原因でパート７の長文が読めない場合が多いので、そういう人は重要な文法事項を学び直す必要があります。

短期間に結果を出せる人の共通点

パート5の出題傾向が変わっている。パート5だけに過剰に時間を割くのは効率的ではないので、パート7と組み合わせて効果的に学習している。700点以下の人はパート7を練習する前に、少し長めに作成されたパート5の問題文を頭から読む練習をすればパート7の長文を読むための効果的な練習になる。

子育て中でも勉強はできる

ＴＯＥＩＣ受験者には、子育て真っ最中という方もたくさんいらっしゃいます。子育て中の女性でも勉強はできます。土曜日、ご主人や実家の両親に子供の面倒をみてもらいながら教室やセミナーに通ってくる女性も、数多くいらっしゃいます。

夫や妹が協力した妊婦さんの話

妊婦さんが教室に参加されることもよくあります。すでに妊娠がわかっていた人は安定期に入ってから受講しますが、それ以外に教室に通い出してからおめでたが発覚！　というケースもこれまでに何度もありました。妊娠前期の不安定な体調で夜10時すぎまでの授業はさすがに無理ということになったのですが、ひとりは途中から夫が、もうひとりは妹さんが代わりに出席して勉強を続けました。

安定期に入るのを待って参加できなかった後半の授業分を、次の回のクラスで受けた方も数名います。

代理で参加したご主人は私のセミナーに出たことがある人で、TOEICのこともよくわかっていらしたのですが、もうひとりの代理の妹さんは、TOEICのことは全然知らない方だったのです。

それでもしっかりノートを取って、お姉さんに協力していました。その後、目標スコアが出ましたというお礼メールをお姉さんからいただきました。

子育て中でも、妊娠中でも、家族や兄弟姉妹に上手に協力を仰げば、TOEICの勉強はできるし、目標スコア達成もできるのです。

いつか……と言っているうちは受験はできない

結婚や出産を機に仕事を辞めた女性で「いつかTOEICを受験したい」「いつか社会復帰をしたい」と言い続けている人がいます。子供が小学校に入ったら、子供が大学に入ったらと、どんどん時期が延びて、結局そのままになってしまうという専業主婦の方の典型的なパターンです。

「いつか、いつか」と言っている人はいつまでたってもＴＯＥＩＣの勉強も始められないし、社会復帰もできません。さまざまな事情があっても、やる人はいろいろ工夫して、努力して勉強し、目標を達成していくという気がしています。

できない人はいろいろな理由をつける

いつまでたってもなかなかスコアが出せない人たちは、いろいろな理由をつけます。仕事が忙しい、家事が忙しい、子供がいて育児に時間が取られる、あるいは地方にいて学校に通えないなど、さまざまな理由を持ち出して、勉強する十分な時間が作れないのだと主張します。

でも、こういう人は残念ながら、永遠に勉強する時間は取れないのではないかと私は思います。

アメリカにＭＢＡ留学していた時、私は２年間、睡眠時間３～４時間で必死に勉強しました。毎日膨大な課題が出され、本当に時間が足りませんでした。でも、課題をきちんとやらなければ、低い評価が下され放校になるため食事や睡眠の時間を削って勉強するしかありませんでした。しかも夫は日本で働き、小さかった子供は実家に預けて、単身渡米という厳しい状況でした。

時間が有り余っている人などいないのではないでしょうか。それぞれに事情があり、忙しい中、なんとか時間を作って勉強しています。「時間がない」が口癖になっている人は、いろいろな理由をつけることをやめ、少しでも「時間」を作る工夫をすることから、一歩前に踏み出してみてはいかがでしょうか。

短期間に結果を出せる人の共通点

点数が出せない人は「時間がない」理由を探す。
点数を出せる人は、時間を強引に作り出す。

第3章

高得点を出せる人は、勉強法に一工夫している

高得点を出せる人は、勉強法にオリジナリティがある

私が東京・八重洲《やえす》で主宰しているTOEIC教室に通ってくる生徒さんの勉強への取り組み方を見ていると、3つのパターンに分けられるようです。

1つ目は、講師である私にすべて頼りきりで、辞書を調べればわかるような単語の意味さえも、講師に聞こうとするパターン。率直に言って、こういう勉強の仕方では点数は出ません。

2つ目は、講師のいうことを真面目に聞き、教えてもらった勉強法を忠実に実践するパターン。この人たちは、時間がかかることもありますが、きちんと結果を出します。

そして3つ目が、**講師の話を聞いたうえで、自分なりのクリエイティビティ（創造力）を発揮するパターン**。講師が教えた勉強法の本質を捉え、そこに自分なりの工夫を加えるのです。

たとえば、「1日にこれだけの時間、勉強したらいい」ということを知ったら、その

勉強時間が保てるような工夫をしますし、「新公式問題集が必須」と教えてもらったら、それを120％使いこなすアイデアを思いつきます。工夫の仕方はさまざまですが、こういう人たちは概して比較的短期間のうちに、高得点を出しています。

彼らはおそらく、会社でも自身のクリエイティビティを発揮して、やらねばならない仕事をどんどんこなしているのではないかと思います。**仕事のできる人＝TOEICで短期間に高得点を出せる人、なのです**（第5章参照）。

この章では、そのようなクリエイティビティを発揮している生徒さんのノウハウをご紹介します。実際に使っていたノートもお借りしましたので、その写真も掲載していますす。

なお、注意していただきたいのですが、彼らは短期間で点数を上げるための本質を捉えたうえで、自分なりの工夫を加えているのです。けっして、突飛《とっぴ》な思いつきではありません。

講師の私が**「なるほど」「すごい」と思った勉強法がいろいろ出てきますので、ぜひ参考にしてください**。そしてできれば、これらを参考にしたうえで、ご自身のクリエイティビティを発揮していただければと思います。

います。

そして、それぞれの時間帯で行なった勉強を書くのです。この記録表はペーパーホルダーに挟んだ状態で鞄にいつも入れているので、すぐに書き込めるそうです。1週間単位で、新しい記録表になります。

このような記録表を作成することで、1週間の勉強の進捗《しんちょく》状況がわかりますし、**何も書いていない（勉強していない）欄があると気持ちが悪いので、勉強をしようという気になる**のだそうです。非常によくできた時間管理法だと思います。

自分オリジナルの単語・フレーズ一覧表

Mさんは**「単語・フレーズ一覧表」**も作成しています。

新公式問題集を解く際に出てきた知らない単語や、知ってはいるがなじんでいないフレーズを、夜、寝る前にパソコンに打ち込んでいるのです。

いわば、自分オリジナルの単語・フレーズ帳です。

よく見てみると、日本語訳が書かれていない単語もあります。たとえば、brochure

English Study Record　　No. 3

Time period 12 / 7 ～ 12 / 13

Date＼Time	Morning commute	Lunch at office	Night commute	Night at home
Monday 12 / 7	V3T1P7N153 0:45 N155 1:30 N157 1:15	V4T1P3N41 N44 N47 N50	V3T1P7N159 2m40 N162 3m15s N166 2m53s	V3T1P7N169 3:15 フレーズをエクセル入力
Tuesday 12 / 8	V3T1P7N181 4m15s	V4T1P3N53 N56 N59	V3T1P7N186 4m30s N191 4m45s	フレーズ入力
Wednesday 12 / 9	V3T1P7N196 4m40s	V4T1P3 N62 N65 N68	V3T2P7N153 55s N155 1m9s N157 2m28s	フレーズ入力
Thurday 12 / 10	P5 先生教材 2009.1 12m10s	Nothing AMのmeeting が長引いた為	Nothing 終電で帰宅。 仕事で疲れたので寝た。	フレーズ入力
Friday 12 / 11	V4T1 P4 N71 N74 N77 N80	P5 先生教材 2008.11 4m53s	Nothing 飲み会参加の為 ⇒	
Saturday 12 / 12	朝 金曜分のフレーズ入力	教室までの電車 フレーズプリントアウトのレビュー	教室(最終会) P3、(V4T1) P7、SP	教室打ち上げ参加
Sunday 12 / 13	V4T1P4 N83 N86 N89 N92 N95 N98 → フレーズ入力			

効果絶大な「勉強の記録表」。すぐに書き込めるように、いつも持ち歩いている

（左ページの表437）には日本語訳がありませんが、手抜きではありません。この単語の場合、意味はわかっているけれどスペルに不安があるので、一覧表に書き出したのだそうです。

同様に、他動詞の存在は知っていたが自動詞もあるということを知らなかった単語や、前置詞が入ることを知らなかったフレーズなど、意味はわかるけれどなじんでいない単語・フレーズは、日本語訳は書いていません。

単語・フレーズ帳としてはすべての欄が埋まっているほうが見た目はいいのでしょうが、時間がないビジネスマンにとっては、何を重点的に勉強するか、がとても大事なのです。

そう考えた時、Mさんはあえて日本語訳を書かないようにしたのだと思います。これも、正しい判断だと思います。

この単語・フレーズ帳作りは毎日行なっているそうですが、**1日1日、データの量が増えていくのが、モチベーションの維持に大きく貢献している**そうです。

勉強の記録や気になる単語・フレーズを記録し続けることで、同時にモチベーションを維持している点が、とても素晴らしいと思います。

ID	Check			English	Japanese	Location	Date
	1	2	3				
401				courtyard outside the cafeteria	社員食堂の外の中庭	V3T1P7Q153	12/7
402				attend	自、他	V3T1P7Q153	12/7
403				reach	人に連絡する	V3T1P7Q153	12/7
404				arrange entertainment	余興を企画する	V3T1P7Q153	12/7
405				report on contest	コンテストについて報告する	V3T1P7Q153	12/7
406				Posted May 1	5月1日掲示	V3T1P7Q153	12/7
407				By what date should mary be contacted?		V3T1P7Q153	12/7
408				call her at 555-7324 ext. 322.	電話番号555-7324内線322に電話する	V3T1P7Q153	12/7
409				preferred customer	お得意様	V3T1P7Q155	12/7
410				across from the station	駅向かい	V3T1P7Q155	12/7
411				call	自、他	V3T1P7Q157	12/7
412				instead of on Monday at 11		V3T1P7Q157	12/7
413				go over	を検討する　を超える　を修理する	V3T1P7Q157	12/7
414				career fair	求人フェア	V3T1P7Q159	12/7
415				vessel	(大型)船	V3T1P7Q159	12/7
416				be just the beginning	ほんの序の口にすぎない	V3T1P7Q162	12/7
417				paid traing	有給の研修	V3T1P7Q162	12/7
418				benefit	福利厚生	V3T1P7Q162	12/7
419				opportunity to advance	昇進の機会	V3T1P7Q162	12/7
420				related work experience		V3T1P7Q162	12/7
421				email mary at mary@yahoo.com		V3T1P7Q162	12/7
422				advance registration	事前登録	V3T1P7Q162	12/7
423				Where will the employees work?		V3T1P7Q162	12/7
424				March teacher of the Month	3月の注目講師	V3T1P7Q162	12/7
425				interest	趣味	V3T1P7Q162	12/7
426				figure at our community center		V3T1P7Q162	12/7
427				to capacity	満員で	V3T1P7Q162	12/7
428				accomplished amateur photographer		V3T1P7Q162	12/7
429				You'll be glad you did!	きっと満足いただけます	V3T1P7Q162	12/7
430				describe an employee	従業員を説明する	V3T1P7Q162	12/7
431				Greece	ギリシャ	V3T1P7Q166	12/7
432				deposit	頭金	V3T1P7Q166	12/7
433				balance due	差引不足額	V3T1P7Q166	12/7
434				late fee	遅滞料	V3T1P7Q166	12/7
435				in writing	書面で	V3T1P7Q166	12/7
436				Enclosed is a copy of itinerary.	A copy of itinerary is enclosed.	V3T1P7Q166	12/7
437				brochure		V3T1P7Q166	12/7
438				sightseeing		V3T1P7Q166	12/7
439				concise	簡潔な	V3T1P7Q169	12/7
440				cover financial news	を取材する	V3T1P7Q169	12/7
441				make a career	出世する	V3T1P7Q169	12/7
442				anecdote	逸話、秘話	V3T1P7Q169	12/7
443				come alive	いきいきしてくる	V3T1P7Q169	12/7
444				subject matter	主題、題目	V3T1P7Q169	12/7
445				engrossing	夢中にさせる、没頭させる	V3T1P7Q169	12/7
446				dull	退屈な	V3T1P7Q169	12/7
447				arid	湿気のない	V3T1P7Q169	12/7
448				chaos	大混乱	V3T1P7Q169	12/7
449				lecturer	講演者	V3T1P7Q169	12/7
450				but I really hope I didn't miss the train	でもその電車を逃していなければいいのです	V4T1P3Q41	12/7
451				I should still get to work on time	時間通りに仕事にいけそうです	V4T1P3Q41	12/7
452				I'm a bit late	少し遅れました	V4T1P3Q41	12/7
453				this line are a few minutes behind schedul	この路線の電車は全て数分遅れ	V4T1P3Q41	12/7
454				ticket agent	切符係	V4T1P3Q41	12/7
455				This is Jenny Wilson, the receptionist at Morningside Medical Group		V4T1P3Q44	12/7
456				We're completely booked for today		V4T1P3Q44	12/7
457				Can you come in then?		V4T1P3Q44	12/7
458				shop for books	本を買いにいく	V4T1P3Q44	12/7
459				Is there any way you colud fit me in earlier today?		V4T1P3Q44	12/7
460				I bought this sweater the other day, but it's too small.		V4T1P3Q47	12/7
461				Is it possible to exchange it for alarger size?		V4T1P3Q47	12/7
462				We don't have any more in white.		V4T1P3Q47	12/7

寝る前にパソコンで毎日作成している「単語・フレーズ一覧表」

新公式問題集をPDF化する

Mさんの勉強法には、もう一つ、とてもユニークなものがあります。

新公式問題集をPDFデータにしているのです。

新公式問題集がTOEIC受験生にとって必須のアイテムであることは、ここまで何度も説明してきましたが、サイズが大きいとかパート別になっていないなど、使いにくい点もあります。

Mさんは新公式問題集をカッターで分解したうえで、自宅のスキャナー機能付きプリンタで読み取り、PDFデータにしています。

パソコンに保存しているので、必要な問題を用途に合わせ、好みの大きさでプリントアウトができるようになりました。たとえばパート7の問題を集中的にやろう、という時に、とても便利です。

これも、ユニークな勉強法だと思います。

以前だと勉強に使える小道具は、種類に限りがありました。しかし今は、パソコンで使えるさまざまなソフトが存在しますし、文房具屋さんに行けば目新しい道具がいろいろあります。それらを使いこなすと、昔では考えられないような効率アップが図れるのではないでしょうか。

短期間に結果を出せる人の共通点

勉強内容や知らない単語など、記録をとり続けることで、モチベーションを維持する。

試験のたびに自己分析

Uさんは、TOEICを受験するたびに、その反省をノートに書いています（左ページ参照）。

各パートに対する印象や手ごたえだけでなく、試験会場の環境や、当日の自分の体調も書いています。

自分の力が、今どのくらいなのか。それを冷静に判断し、自己分析できる人は、高得点を出すのが早いです。

それから、彼女はパート5を徹底的に勉強しています。教室で配布するパート5の練習問題に使われている英文の中で、知らない単語があれば辞書できちんと調べて覚えていますし、答えを入れる空欄以外であっても、知らない言い回しや気になる文法事項が出てきたら、それぞれ、参考書を使って納得できるまで勉強したそうです。文法事項を調べるのに使った参考書は『総合英語フォレスト　Forest』（石黒昭博監修・桐原

No.

Date

'08・11・29　代々木ビジネスセンター　第154回 TOEIC

・環境：よい　小さめの会場　隣り、後ろ 空席
　左側に人がいなかったので、気が散らなくて良かった。

体調：あまり良くない
　前夜、気負いすぎて全部で3時間程しか眠れず。

時間配分：リスニング　先読みのリズムをしっかりとれた。
　リーディング　Part5・6は順調
　Part7のダブルが難しく、14：30までかかる。
　シングルも難しく、ギリギリで終わらせた。
　（2・3問選択肢2つしか読まずに答えをマークした。）

Part 1　全部解けた。
〃 2　2問迷った。
〃 3　1問迷った。
〃 4　全部解けた。（2問程迷う問もあり）
〃 5　中村先生のプリントから沢山出た。
〃 6　解けた。
〃 7　シングル、ダブル共に難しい。
　Word問題が少なかった気がする（1、？2問）
　※ダブルから始めたのに、マークシートをシングルから
　ぬり間違えてしまった。
　（10問分）ぬり直し。

「力」がついてきたら、1.3倍速でCDを聴く練習をする。（パート3・4）

試験を受けたら、体調や時間配分を自己分析して記録する

書店）です。

このように、**パート5の英文を徹底的に勉強した結果、パート7を読み解く力もつき、点数が2カ月で680点から860点に上がりました。**単に解くだけとか、○×をつけるだけで終わらず、気になるところは徹底的に勉強する、という姿勢が大事です。

ただし、教室で配布する問題は、問題文に頻出単語をちりばめ、かつ長めの英文になるように作成しているので、この作業が力になるのです。読者の皆さんが自分で同様のことをしようとする時は、問題文を選ぶ必要があります。出題傾向がTOEICの傾向に合っていると定評のあるもの、あるいは新公式問題集そのもので、行なってください。

同様のことは、リスニングでもあります。**パート3を徹底的に勉強すると、パート4の対策にもなる**のです。

パート5の英文を短時間で読む練習をすると、勉強することでパート7の力もつく。パート7の力をつけることで、パート3と4の設問と選択肢の先読みが速くなる。

時間のないビジネスマンは、このような効率的な勉強の仕方を常に意識したほうがいいと思います。

短期間に結果を出せる人の共通点

自分の英語力の中で、どこが強くてどこが弱いか、常に冷静に観察している。

なノート作りの時間は、勉強時間に入れるべきではありません。ノートを作ってからが、本当の勉強時間なのです。

『東大合格生のノートはかならず美しい』（太田あや著・文藝春秋）という本が話題になりました。綺麗なノートのほうが後から見直す時にも便利だと、私も思います。しかし、綺麗なノート作りは、あくまでも時間との関係で考えるべきです。人によっては、綺麗なノートを作ることが目的になっているような印象の人がいますが（特に女性に、その傾向が強いような気がするのですが……）、忙しいビジネスマンがそうなってしまうのは、危険です。

このことを、Dさんはきちんと自覚していました。2度目の教室参加時には、仕事が忙しくなったので、ノートは作らず、ポイントはプリントに直接書き込むようにしていました（139ページ②参照）。

この思い切りのよさが、短期間で高得点を出すためには必要なのです。前回うまくいったからといって、その方法論に固執するのは危険です。そのことを理解しているDさんは素晴らしいと思います。

後から見直す時に困らないように、知らない単語は緑の蛍光ペンで塗り、その意味をプリントの脇に書き出しています。また、ポイントとなる文法の部分は、ピンクで塗ります。このように、プリントであっても、蛍光ペンなどを使いこなすことで、見やすい工夫をしています。

そして、２度目の参加終了時に、９０５点を取りました。

問題が解けたかどうか、記録に残す

Dさんは、新公式問題集などの問題が解けたかどうかを、表にしています。

自力で解けた問題は○をつけています。

正解になっているがたまたま選択肢を選んだら合っていた、という問題は黄色。間違った問題はピンクの蛍光ペンを、それぞれ塗っています（１４３ページ参照）。

正解にも、きちんと実力で解けたものと偶然解けたものがあります。それを見た目にわかりやすくしているところが、いいと思います。

なにより、こういう表を作ることで自分の力が客観的にわかりますし、後から見直す際も非常にわかりやすいです。このような表を作っている人は、意外に少ないように思います。

2回目は黄色の問題とピンクの問題を重点的に解けばいいのですから、時間の節約にもなります。

短期間に結果を出せる人の共通点

ついつい綺麗なノートを作りたくなるが、時間がないことを自覚し、限られた時間内でもっとも効果的なノートになるように工夫する。蛍光ペンの利用は大事。

	9′25″ 2008年5月 回答	勘	10′20″ 2008年3月 回答	勘	6′45″ 2007年11月 回答	勘	12′10″ 2006年11月 回答	勘
1	B		C		C		D	
2	A		C		D		C	
3	B		D		C		B	
4	C		A		B		C	
5	D		C		A		B	
6	D		D		A D	✓	C	
7	A		C		D		A	
8	B		A		B		D	
9	C		D		D		B	
10	B		C		D	✓	D	
11	D		B		C	✓	A	
12	C		C		A		D	
13	B		C		C		D	
14	A	✓	C		B		B	
15	A		C		A		C	✓
16	C		C		D		A	✓
17	D		D		B	✓	B	
18	D	✓	B	✓	C		D	
19	A		C		B		B	
20	D	✓	D	✓	A	✓	A	
21	C	✓	C		D		D	
30	A		A		B		B	✓
31	B		C		B		C	
32	C		A	✓	C		A	
33	C		C		C		B	
34	A		C		C		C	
35	B		B		c	✓	D	
36	C	✓	C D	✓	C		C	
37	C		C		B		C	
38	B		C		C		A	
39	C		D		/		C	
40	C D		B	✓	/			

ケアレス

promptly 即座に
rapidly 速く(スピード)
at the rate of ～の割合で

公式問題集がどのくらい解けたか、ひと目でわかる表をエクセルで作成。勘で当たったものには黄色（薄い網掛け）、間違えたものにはピンクのマーカー（濃い網掛け）を

自分への罰として英文を書き出す

Fさんは、独学で830点台を出していたのですが、その後、勉強時間を減らしていないのに点数がまったく上がらなくなりました。そのことに危機感を抱き、私の教室に来ました。

その結果、教室終了直後に900点をクリアしました。

彼は、彼の弱点である**パート2の勉強をする際のノートが、ユニーク**です。

間違いの選択肢それぞれについて、その理由を、自分にわかる表現でノートに書いています。それを繰り返すことで、パート2のひっかけやクセが理解できるようになります。何度も出てくるポイントに関しては、当然注意するようになります。

自分が弱い「誘い・提案」の表現と、「依頼」の表現は、頭に焼きつけるため、模試を解く際に毎回ノートの下にまとめて書き込んでいます。

さらに、**間違った設問の英文は、自分への罰ということで、ノートの右の余白に書き**

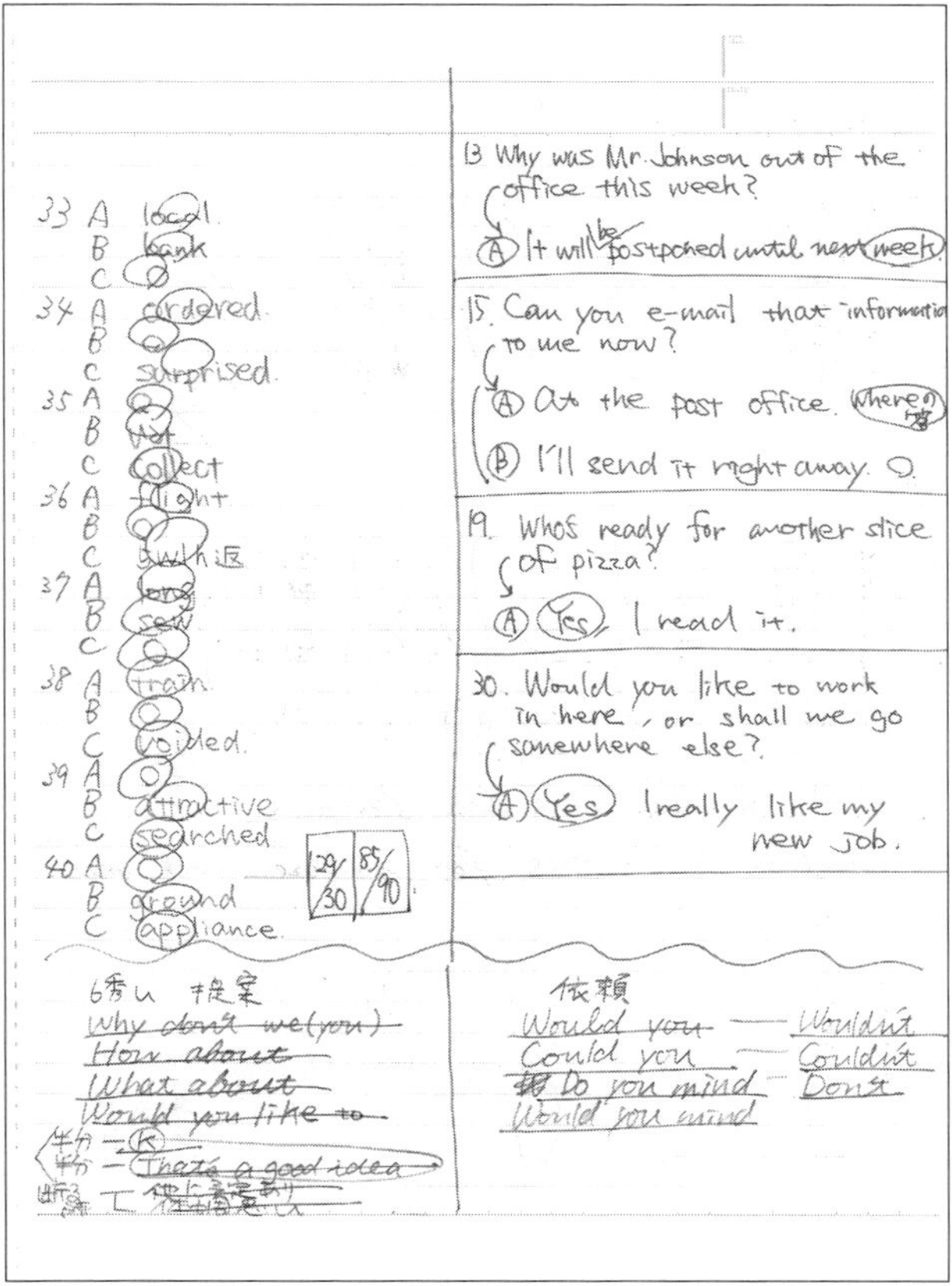

自分の弱点であるパート２の勉強をする際のノート。間違った英文は右の余白に書き出し、いつも間違える「誘い・提案」「依頼」の表現を下に書く

出しています（145ページ参照）。

リスニング対策には蛍光ペンが有効

リスニングに関して付け加えると、新公式問題集でパート3、4を解く際は、蛍光ペンが必須です。

パート3、4では、まず会話文を聞きます。それに対する設問が3問ずつあります。それぞれの設問に対する答えが会話文のどこにあるか、英文スクリプトに蛍光ペンで塗るのです。そうすると、会話文のどの部分がどういう順番で設問になるのか、といった傾向が見えてきます。

ですので、**新公式問題集でリスニング問題を解いたら、蛍光ペンを使っての復習が重要**です。この方法は、出題傾向がＴＯＥＩＣの現状に合っていて、英文スクリプトがついている新公式問題集で行なうのが最適です。

短期間に結果を出せる人の共通点

自分への罰として、解けなかった英文をノートにすべて書き出すなど、うまくいかなかった場合の自分へのペナルティを厳しく設定している。

結果を出す人のちょっとした工夫

この章では、教室に通っている人たちの勉強法の中から「クリエイティビティ」溢れるものを紹介してきましたが、「ちょっとした工夫」もたくさんあります。

章の最後に、それらを紹介します。

クリアファイルの活用

1週間分のやるべきことを、クリアファイルに曜日別に入れている人がいました。1週間でやらなくてはならないプリントや問題集を曜日別に分けて、クリアファイルの袋に入れるのです。クリアファイルには、あらかじめ月曜から金曜まで、曜日を書いておきます。

これだと、自分のやらなくてはいけない量が常に目に見えるので、モチベーションの維持にとても有効だと思います。

ちなみに、土日の分を作らないのは、「1週間で予定はしていたがやり切れなかった」問題をカバーするためです。

毎週日曜の夜に、次の週にやることをクリアファイルに入れる。これを作業として定着させられたら、学習の習慣化にとてもよいと思います。「来週も1週間、頑張るぞ!」という気持ちになるし、目標の点数を出すためにやるべき量から逆算をすれば、上手にスケジュール管理をすることができます。

エクセル単語帳

エクセルを使って、単語帳を作っている女性もいました（151ページ参照）。新公式問題集や教室配布問題の中で知らない、あるいはあやふやな単語・慣用表現とその意味を、エクセルに入力していました。

エクセルだと、ごく簡単な操作で、アルファベット順や入力した順に並べ替えることができます。自分だけの単語帳を作る時には便利なツールです。

本番で使う必携のアイテムは

高得点を出せる人は、試験本番に使う筆記具にもこだわりがあります。試験における筆記具というのは、いわばプロ野球選手におけるバットとグローブのような、侍における刀のようなものですから、こだわりがあるのが普通なのかもしれません。

教室生に人気があるのは**マークシート用のシャープペンシル**です。ぺんてるの「マークシートシャープ」や、コクヨの「鉛筆シャープ」などが特にお勧めです。これらを使うとちょうどマークシートを3回で塗ることができるので、ストレスがありません。とにかく時間が足りない試験なので時短になることもポイントです!!

また、試験会場に行ってみたら、時計がなかった! ということがTOEICの会場ではしばしばあります。時間配分が一番のポイントとなるTOEICでは、時計がないと命取りになります。

そのため、**私は時計が止まってしまうという最悪の事態も考えて、腕時計を2個持っていくようにしています。ポイントは「腕時計」**。自立する時計は、小さくても落とした時に音が迷惑になるので使用できません。

英単語.xls

	a close		終結　閉会
	a controversial figure		問題の人
	a fraction of		一部の
	accelerate program		改善を早める
	acquisition		（企業の）買収
	additional schedule margin		効率表
	adhered to		～に従う、固執する
	affiliated company		関連会社
	alarming phenomenon		驚くべき現象
	assume liability		法的責任を問う
	at the beginning of		～のはじめに
	attending doctor		主治医
	attribute A to B		AはBに起因する
	avoid duplication of research		調査の重複を避ける
	barrage of queries		矢継ぎ早の質問
	be a shortage of		～不足
	be appointed to		に任命される
	be assured (that the delivery will …)		安心してください。
	be eligible for		～する資格がある
	be in use		使用中
	be poised to		準備が出来た　～する構えだ
	be schedule for		予定である
	be short of		be a shortage of
	be stuck in traffic		交通渋滞に巻き込まれて身動きがとれない
	be subject to		～を条件とする
	bureaucrat		役人
	collaborated closely		密接に協力した
	compensation		補償金
	compensation		補償
	competent		有能な　合法的な

エクセルを使えば、自分だけの単語帳が作れる

ストップウォッチの活用

解く時間をストップウォッチで計り、記録している人もいました。

パート5を15分、パート6を6分で解かなければ、パート7の最後まで解き終えることは難しいので、パート5、パート6、パート7、それぞれの問題を解く時には必ず時間を計るようにと教えています。

特にパート5とパート7でかかった時間を毎回記録しておくと、前回より短くしたいという気持ちがモチベーションの維持に役立つようです。いうまでもないことですが、時間を計るだけではダメです。それをノートや手帳などに記録しておくことが、大事です。

ストップウォッチがない場合は、携帯電話の「時計」機能で計れると思いますので、お持ちの携帯を見てみてください。

このように、高得点を早く出せる人は、道具にもこだわりがあり、ちょっとした工夫ができないか、常に考えています。

どうせ勉強するのなら、自分だけのオリジナルの勉強法を考え出すくらいのつもりで、勉強時間を楽しんでみてください。ちょっとした工夫は、続けているうちに楽しみになるはずです。

短期間に結果を出せる人の共通点

道具にこだわりがあり、ちょっとした工夫ができないか、考えている。

第4章

高得点を出すための参考書の選び方

まずとにかく受けてみる。すると、いい参考書がわかってくる

TOEICを受けることになったのなら、**ノウハウ本や問題集をそろえる前に、一度試験を受けてみることをお勧めします**。できるだけ早く、TOEICに関するさまざまな情報が入ってくる前の白紙の状態で、まず受けてみましょう。

公開テスト以外にも、企業・大学や英語関連の団体などが実施するIP（Institutional Program）テストが**頻繁にどこかで開催されています**ので、できるだけ直近で実施されるテストを受けるといいでしょう。

IPテストは、ほぼ4年前の公開テストだと言われていますので、古い分簡単ですが、企業でIPテストの点数でも可能とされている場合はIPテストでもよいでしょう。

勉強のスタートは「とりあえずTOEIC受験」から

実際に受けてみると、TOEICという試験がどういうものかがリアルにわかります。

リスニング45分、リーディング75分、合計2時間で200問というのが、いかに体力・集中力が勝負の試験であるかが、いやというほど実感できるでしょう。また、リスニングもリーディングも普通に解いていたらまったく時間が足りないといった、TOEICで求められるスピード感も体感できるでしょう。もちろん現在の実力が客観的に把握できます。

何の準備もせずに受けるのはもったいないと思う人もいるでしょうが、とりあえずTOEICを体験することが、TOEICの勉強のスタートだと思います。

試験を受けるといい参考書が見えてくる

そして、一度TOEICを受けてみると、ノウハウ本や問題集を見る目が変わります。試験を体験すると、いい参考書、よくない参考書がはっきり見えてくるのです。

書店の語学書売り場に行けばわかりますが、TOEICのコーナーには、膨大な数の参考書が並んでいます。有名な英語の先生の著書や、ロングセラーとして知られる本など、多種多様な参考書がありますが、率直にいってかなり玉石混交《ぎょくせきこんこう》の状態です。**一般の評判だけで判断するのは危険です。まず本を手に取り、無心にページをめくって読んでみてください。**

何冊か読んでいくうちに、「そうそう、こんな感じの問題が出てきた」と思える参考書と「こんな問題は全然出なかったけどな」と違和感を覚える参考書との違いが見えてくるはずです。ノウハウ本でも「このパートは本当に時間が足りなかった」「トリッキーな問題にひっかかった」と自らの体験に重なることが書かれた本と、大学受験や英検の問題の焼き直しのような問題が多く、今ひとつピンとこない本とに分かれるはずです。

「イマイチな参考書」には、試験には登場しなかった難しい文法問題がずらりと並んでいたり、やはり試験には登場しなかったような語彙問題などが羅列されていたりするものです。特にパート5関係は新TOEICになってから語彙問題が増えているのにもかかわらず、旧来の文法問題中心の問題集がいまだに多いので注意しましょう。

ただし、語彙問題での出題語彙は変わるため、問題集で取り上げるのは難しく、問題集で取り上げた語彙が数年後も出るというわけではありません。ですから、問題集に多くの語彙を掲載するには限界がある、ということは理解しておいてください。

それでも、**一度実際の試験を受けてみると、いい参考書、役に立ちそうなノウハウ本を見分ける「選択眼」が磨かれます。**その感覚に従って、参考書やノウハウ本を選んでください。

受験する時間がなかなか作れない方は、とりあえず新公式問題集の最新版を買って、一度丁寧に解いてみてください。そのうえで参考書を選ぶようにしましょう。

短期間に結果を出せる人の共通点

まず、白紙の状態でTOEICを受験してみる。そうすることで、いい参考書を選ぶ眼力も養われる。

勉強の中心は新公式問題集

ＴＯＥＩＣの勉強の中心になるのは、やはり「新公式問題集」です。
ＴＯＥＩＣの本質を理解するには、本物にあたるしかありません。
市販の参考書の場合は、ＴＯＥＩＣを正確に理解しようとしても、どうしてもズレ、誤差が生じてしまうものです。

２０１４年11月に最新版が出版され、**新公式問題集は現在全6巻ありますが、まずはこれを一通り解いて出題傾向をつかむことが基本です。**巻目の無題のものは、古い分、今の出題傾向とはズレがあるので使わなくてもいいでしょう。

ＴＯＥＩＣの出題傾向は徐々に変化していますが、最新の傾向を探り、学習のポイントを絞るうえでも新公式問題集は必須です。

大学生や主婦の方をはじめ、ビジネスの実務経験がほとんどない方、社会人でも営業関連、経理関連、マーケティング関連などの専門用語に触れる機会がほとんどない職種の方は、ビジネス英語の基本的語彙が不足しています。こうした方は、新公式問題集のパート5やパート7に登場する語彙を学ぶことも大事です。

ただし、新公式問題集だけでは不十分

勉強の中心になる新公式問題集ですが、出題傾向は理解できても、これだけで高得点を取るのは難しいです。

というのも**新公式問題集の解答は解説が非常に短く、どうしてその答えになるのか、どのようにして解いていけばいいのかということがわかりません。**それぞれのテスト問題自体へのアプローチの仕方や、各パートの攻略法などについての説明なども一切ありません。したがって、TOEICで求められる英語の知識や問題の解き方といったことについての解説も必要になります。

そこで、TOEICのための参考書やノウハウ本も必要になるのです。

前述のようにこれらの本は玉石混交ですので、TOEICの問題を正しく理解したうえで編集された参考書やノウハウ本を選びましょう。そのためにも、「まず受験してみ

る」ことが大事なのです。

ちなみに、ノウハウ本として拙著であれば、

『改訂版 できる人のＴＯＥＩＣ®テスト勉強法』（中経出版）

『新ＴＯＥＩＣ®テスト スコアアップ１３５のヒント』（祥伝社）

などがあります。

短期間に結果を出せる人の共通点

新公式問題集をＴＯＥＩＣ学習の基本にしているが、それ以外のパートごとの攻略法が書かれた参考書・問題集にも目配りしている。

高スコア達成にはコツやテクニックも重要

「新公式問題集を何回も何回も丁寧にやったら高スコアが出る」とネット上で発言している人たちがいます。しかし、かなり英語力がある人を除けば、今のTOEICはそれほど甘くありません。すべての問題を覚えるまで音読すればいいといったアドバイスもありますが、同じ問題が出るわけではないので、単に問題を覚えても高スコアに結びつくわけではありません。また、文法が弱い人は、英文の意味もわからないまま音読を繰り返しても、大幅な得点アップにはつながりません。特にビジネス英語の語彙が弱い人は、新公式問題集だけを丁寧に勉強した程度では800点突破は難しいでしょう。

またTOEICには、問題を解く順番やパートごとの時間配分、さらにリスニングセクションのパート3と4では設問と選択肢を先に読んでおく、ポイントを押さえて聞くといった、高スコアを取るためのさまざまなコツやテクニックがあります。

こうしたコツやテクニックを使うのは「邪道」と考える先生もいらっしゃいますが、

現状のTOEICはよほど頭の回転が速く、かつ高度な英語力を持っていないかぎり、ちょっとしたコツやテクニックを無視してAランクである860点以上の高スコアを取ることは至難の業《わざ》です。

実際、私のセミナーに参加し、ちょっとしたリスニングのコツを知っただけで、ずっと800点台前半で伸び悩んでいたスコアがいきなり900点を突破した、という方が少なくありません。

ちょっとしたコツを知らないために800点〜850点あたりを一年間行ったり来たり、という人が意外に多いのですが、費やした一年という時間のほうがもったいないです。「これだ」という講師や学校を探し出して、セミナーや教室に参加したほうがいいでしょう。

目標スコアをできるかぎり早く達成したい方は、ノウハウを学ぶことも重要です。

700点以下の方が効率的な勉強をするためには、信用のおけるちゃんとしたノウハウ本を1冊購入して、問題の解き方やアプローチの仕方などを理解してから、新公式問題集を始めるとよいでしょう。

600点以下の方は同時にTOEICに必要な文法の理解を深め、英文を頭から読んで意味がとれるようになること、また、語彙力の強化も必要です。

短期間に結果を出せる人の共通点

高得点を出すために、TOEIC受験のコツとテクニックを学ばなければならないことを知っている。

ネット書店を使ったり実書店に出向いて参考書のリサーチをする

数多く出版されているTOEICのノウハウ本や問題集からよい本、適切な教材を見つけ出すのは、いくら「選択眼」を養ってもなかなか大変なことです。

セミナー参加者や教室生は、ネット書店のアマゾンの「ベストセラーランキング」を一つの指標として参考にしている人もいます。もちろん、ランキング上位の本が必ずしも適切な本とは限りません。が、数多くの参考書の中から、大勢の人が使っている本ということで、ある種の「絞り込み」はできると思います。

ただ、アマゾンの書評は「やらせ」の場合もあり、またネット書店と実書店では売上げ傾向が異なる場合もあるので、**一番いいのは多くのビジネスパーソンが足を運ぶ大型書店に出向き、時間をかけて自分に適した本を選ぶことです**。ビジネスパーソンが多く通う書店であれば、丁寧なリサーチをして並べている場合も多いです。

セミナー参加者の中に、ランキング上位の本を順番に買うという人がいました。その中には「はずれ」の本もあったそうですが、「はずれ」の本はすぐ見切りをつけて、次の本を買うそうです。すると確率的に「大当たり」の本も入ってきます。「はずれ」の本まで購入することを考えるともったいないですが、ここからは時間とお金のどちらを優先するかという問題でしょう。

短期間に結果を出せる人の共通点

参考書・問題集を選ぶ際は、ネット書店アマゾンの「ベストセラーランキング」などを効果的に使ったり、ビジネスマンが多く通う実書店に出向いてベストな情報を仕入れている。

よい参考書の見極め方とは

古い問題集は思い切って処分する

ＴＯＥＩＣ受験経験者で、すでに問題集やノウハウ本をいくつか持っている人は、発行年度をチェックしましょう。**ＴＯＥＩＣは２００６年５月に新ＴＯＥＩＣになって問題が大改変され、さらにそれ以降も進化を続けており、３年以上前の試験、さらに言えば２年前の試験と比べても、出題される問題の傾向や語彙がかなり変化しています。**しばらくぶりに受ける場合は、古い問題集やノウハウ本は思い切って処分し、新しい本にアップデートすることをお勧めします。

もっとも、発行年月日が新しい参考書だからといっても、必ずしも内容が新しく適切であるというわけではなく、逆に発行年度が古くても今も有効な本もあります。

仕事の一環として毎回ＴＯＥＩＣを受け始めて12年以上になりますが、その頃書店に並べられていた問題集には、ＴＯＥＩＣと関係ない内容のものが目立ちました。大学入試のような問題を載《の》せていたり、英検の一般英語の問題を載せてＴＯＥＩＣと銘打《めいう》っていたりする本が実に多かったものです。

さすがに、最近はそこまでずれた参考書は減りましたが、それでも油断はできません。**どんどん進化していくＴＯＥＩＣにキャッチアップしている本を、じっくり見定める必要があります。**

煌《きら》びやかな本がよいわけではない

英語の大家が書いている本が、必ずしも適切な本とは限らないところがＴＯＥＩＣの問題集の見極めの難しいところです。

セミナーに参加して９００点突破した方が、「煌《きら》びやかな解説の本は怪しい」と面白いことを言っていました。彼によると丁寧で詳しい解説が書かれている問題集は、ＴＯＥＩＣに出題されるかどうかよりも、著者の得意な分野、特に難しい文法問題に重きを置き、解説を丁寧に煌びやかに書いている傾向があるというのです。解説自体は確かに素晴らしいけれど、実際には出題されない項目なので、スコアアップには結びつきません。そうした煌びやかな本よりも、解説は少々簡素な印象があったとしても必要なことが書いてあればよしとして、TOEICに出題されそうなものに絞った問題集を選ぶべきだというのです。

私もこの考え方は正しいと思います。英語が好きな方や大学生はどうしても「英語学習書」として、よい本ということで解説の煌びやかな本を選ぶ傾向があります。しかし、第1章でも書きましたが、TOEICは通常の英語の試験ではなく、アメリカにあるETSが作成したビジネス寄りの内容に傾斜した英語の試験です。**スコアアップを目指す人は、問題集は解説のクオリティよりも問題のセレクションのクオリティで選びましょう。**

たくさんに手を出すより、1冊を「使い倒す」

高得点を早く出した人は、多くの参考書や問題集に手を出していないことが多いです。

ＴＯＥＩＣの参考書は山のようにありますが、ポイントを的確にとらえた本はそんなにないため、**下手にたくさんの参考書に手を出すと、ポイントがどんどんずれてしまう危険性がある**のです。たくさんの参考書を勉強すると、出題されない内容にまで時間を割《さ》いて勉強することになって、非効率です。

重要なのはいかに適切な問題集やノウハウ本を見つけるか、です。**「これだ」という本を見つけたら、あれこれ迷わずその本に絞って、集中して勉強をしましょう。その本を使い倒してみて、それでも点数が伸びなければ次の本を探す、**でいいと思います。

問題集をばらしてマイ問題集に編集しなおす

問題集を、均等に頭からこなしていくのはあまりお勧めできる方法ではありません。重点的にやるべきところと余力があればやるところなど、優先順位をつけて勉強するほうが、効率的にスコアが伸ばせます。

私の教室やセミナーでは、パート5の語彙・文法に関して試験に出る頻度順に項目を教えているのですが、教室参加者の方でそれに合わせ私の語彙・文法関連の問題集（『1日1分レッスン！ TOEIC®TEST』シリーズ）を分類して勉強していた人がいました。なんと、アイロンをかけて、背表紙の糊をはがして本を分解し（！）、**「出題頻度の非常に高いもの」「中くらいのもの」「やや低いもの」の3つに分けて、頻度の高いものから集中的に攻略し、400点台から8カ月で900点を突破しました**（もちろん、リスニングセクションの勉強もしたそうですから、アイロン利用の分類だけで900点を突破したわけではありません）。

出版社の方には悪いのですが、「アイロンを使った本の分解法」は一時、教室生の間で流行《はや》っていました。今は、アイロンを使わなくても、キンコーズに持参して頼めば100円で、かつ、1分で背表紙の裁断をしてくれます。

そのほか、私の教室で配布している問題に使われている語彙や、新公式問題集で使われている語彙などを集めた単語集を「ほぼ習得したもの」「習得中のもの」「覚えていないもの」に分け、苦手なものから重点的に勉強している人もいます。

重点的に学ぶべき内容は人によって変わってきますので、勉強法もちょっとしたカスタマイズが必要になっていきます。問題集を上手に自分に合わせてカスタマイズして勉強できる人は、要領よく早くスコアアップを達成しているようです。

短期間に結果を出せる人の共通点

「これは！」と思った問題集を徹底的に使い込む。自分専用にカスタマイズすることも厭《いと》わない。ただし、古すぎる本には手を出さない。

文法が苦手な人は補完する参考書を

会社の都合などでＴＯＥＩＣを受けなくてはならなくなった人の中には、「英語の授業はさぼり気味だったので、文法知識が十分ではない」という方もいるのではないでしょうか。

ＴＯＥＩＣは大学入試のような難しい文法問題は出ませんが、パート5の6割は文法問題です。また、文法知識がない人は、英文の構造がわからないため英文が読めず、他のパートにも影響します。

リスニングセクションの設問や選択肢の先読みにも苦労しますし、長めの英文を聞く際にも支障が出ます。パート7の長文読解などはまったく歯が立ちません。**大幅な点数アップを目指す人は、必要最低限の文法知識は身につけておくべきです。**

文法が苦手という意識のある方はＴＯＥＩＣの参考書とは別に、英語の基本文法を解説した参考書を用意することをお勧めします。

私がよく薦めているのは、解説がわかりやすい『総合英語フォレスト Forest』（石黒昭博監修・桐原書店）ですが、すでに他の文法書をお持ちの場合はそれを使っていただければよいと思います。**新公式問題集をやっていて、パート5の文法問題の解説でわからない箇所があれば、その都度、文法の参考書で調べましょう。**

なお、中学レベルからかなり大幅に文法知識が不足しているという方、たとえば問題文に分詞や関係代名詞が使われていると心許《こころもと》なくて「どうして文の中に動詞が二つあるんだろう」という感じの方は、わからない箇所は必ず文法書に戻って調べてください。手抜きしようとする人は、問題を適当にうろ覚えで終わり、という人が多いですが、それでは問題文を少し変えられたり、空欄の箇所を変えられたりするとできなくなります。

また**文法知識は普通に持っているつもりでも、意外な「抜け」がある**こともあります。たとえば関係代名詞や分詞の用法に関してつまずく人が結構います。また、「to」は必ずしも不定詞ではなく前置詞の to もあり、前置詞の to の後ろには動名詞がくる場合もあるということを知らない人もいます。こういったちょっとした使い方を知らないことは、結構あるものです。その意味では、誰もが文法書を1冊手元に置いておいたほうがよいかもしれません。**問題を解いていて、釈然としない箇所、疑問がある場合は、必ず文法書に戻って理解するようにしましょう。**

大学受験用の文法書のほうが説明が丁寧な場合が多いのでお薦めですが、TOEICに必要のない重箱の隅をつつくような文法事項も掲載されているので、**文法書は「わからない箇所を調べる」辞書のように使うといいでしょう。**

短期間に結果を出せる人の共通点

問題を解いてみて疑問を感じたら、文法書をチェックする。「このくらい、いいだろう」と勝手に手を抜かない。

リスニングセクションの勉強法

私の教室では、リスニングセクションの勉強は新公式問題集のみでやっています。TOEICのリスニングセクション制覇のためのポイントを教えるには、新公式問題集以上のものはないからです。TOEICは進化しているので、市販の問題集では説明しえない微妙なポイントも、新公式問題集では正確にとらえられています。特にパート２では「会話が自然に流れるものが正解」になりますが、「会話が自然に流れる」微妙なニュアンスが、市販の本だとずれてしまうことが少なくありません。

新公式問題集はただ聞けばよいわけではない

実際の試験のナレーションは新公式問題集に登場するナレーターの誰かが話す場合が多いので、新公式問題集を何度も聞いて慣れ親しんでいると、試験の時も「あ、〇〇さんの声だ」とわかり、緊張がちょっと解けます。試験会場の緊張した状況でリスニング問題を聞く時に、聞き慣れている人の発音は、まったく初めて聞く人の声よりずっと聞き取りやすく感じます。

ですから、新公式問題集を繰り返し聞いて練習することは、さまざまな面で効果的です。しかし、「新公式問題集をただひたすら聞けば、あるいは音読すればスコアは上がる」と勘違いしている人もいるようです。残念ながら、新公式問題集をただひたすら聞いたり、音読だけしても、高スコア達成にはかなりの時間がかかるでしょう。

私も「飽きるくらいまでしつこく新公式問題集を聞いて練習してください」と言っていますが、これはただ、受動的にひたすら聞くという意味ではありません。重要なポイントを逃さず聞き取れるようになるために、聞くべきポイントを確実に押さえながら、繰り返し練習をしてもらっているのです。教室では、そのための説明に時間をかけています。

ひたすら繰り返し繰り返し聞いて、新公式問題集を丸暗記してしまったという人の話も聞きます。あまりに聞き込んで、問題文が聞こえてきただけで、答えがわかってしまう状態になったら、シャドーイングするとか、1・3倍速にするとか、韓国版を解くなど気晴らしをするといいと思いますが、気晴らしが終われば、また新公式問題集を使っての練習に戻ることをおすすめします。

ノウハウ一つでスコアに大きな違いが出るリスニングセクション

ＴＯＥＩＣのノウハウ本の多くに書いてあることですが、パート２ではひっかけ問題が必ず出題されます。そのトリックにひっかからない対処法があります。また、**パート２では「会話が自然に流れるものを選ぶ」という観点がもっとも重要で、その感覚をマスターしなければなりません。**この種の問題はパート２の中盤以降に多出しますが、正解するためには英語を聞き取る力も必要になるので、聞けない音やフレーズを聞き取る練習もしなければなりません。

パート３では、会話が流れてくる前に設問や選択肢を「先読み」しておかなくてはなりません。設問の中に登場したフレーズや表現によって、ナレーションで聞き取るべきポイントが見えてくるのです。たとえば、設問で“ask”という動詞が出てきたら、“Can you ～？”“Could you ～？”といった答えが登場するのを待つ。受験テクニックといえばテクニックですが、「この表現に対してはこういった表現で返すことが多い」といったコミュニケーションの法則に従ったものです。

この他にも設問でチェックするべきポイント、ナレーションを聞く時に聞き取らなくてはいけないポイントはいろいろあります。

試験の1週間前に開催したセミナーに参加した方が、「もっと早くこのリスニングのポイントを知っていたら……」

という感想を漏らしました。彼は860点前後で壁にぶつかり、1年ほどそのあたりのスコアをうろうろしていたそうですが、こうしたリスニングのノウハウをほとんど知らなかったとのことです。セミナー1週間後の試験で、彼は910点を取りました。1週間で実力が大幅に伸びることはありませんから、リスニングセクションの聞き取りのポイント箇所をマスターしたことがスコアアップの原因といえるでしょう。

実力のある人が、ノウハウを知っただけで、すっと900点突破したケースはよくあります。**リスニングのノウハウを持っているかどうかが、高スコア達成への大きな分かれ目になるわけで、解き方のコツを説明したノウハウ本やTOEICの講座は、その意味でも慎重に選ぶべきでしょう**（「緊急コラム！」204ページ参照）。

コツを生かすにはハードな練習が必要

「リスニングには解き方のコツがある」というと、「コツさえ知ればスコアアップする」と早合点する人がいます。しかし、**ＴＯＥＩＣはコツだけで高スコアが取れるような試験ではありません。**

たとえば「リスニングでは設問や選択肢の先読みが必要」ということを知ったとしても、リーディング力が弱い人は先読みすることができないのです。結局はリーディング力をつけないと「コツ」を実行することができないのです。

ＴＯＥＩＣ受験生で早くスコアが上がるのは、第一にリーディング力がある人です。英文が読めるということは、文の構造（文法）を理解し、ある程度の語彙力があるということで、つまり英語の基礎力があるということだからです。英語力の基本はリーディングにあるのです。

実は今のＴＯＥＩＣでは、リスニングセクションでもリーディング力が必要になります。少し複雑な文構造を聞き取るには文法力が必要になりますし、何よりも設問や選択肢を先読みするのにもリーディング力が求められます。

このため、大学受験で受験英語をしっかりやった人は、スコアアップが早いです。このタイプは英会話やリスニングの勉強はほとんどしていない人が多く、特にリスニング力はかなり弱いのですが、リスニングの正しい勉強を始めると、みるみるスコアが上がっていきます。

最近はリスニングの問題もかなり難しく、また読まれる速度も速くなってきているので、**いくつかある聞き取りのポイントをしっかり押さえておかなければなりません。1題、1題集中して聞かなくてはならない**のです。**ぼんやりしていたらどんどん聞き逃してしまいます。**

ですからリスニングの練習も、かなり大変です。

全体の意味を大まかに聞き取る力をつけること以外にも、個人的に聞き取れない単語やリエゾン（二つの単語が連続して発音される時に、その境界に第三の音が現れる現象）などもチェックして、それも聞き取れるようになるまで何度も聞きこまなければなりません。

短期間に結果を出せる人の共通点

リスニング問題の聞き取るべきポイントをきちんと把握している。練習を繰り返すことで、そのポイントを体に叩き込んでいる。ただ聞き流すだけでは力はつかない。

短期間に結果を出せる人の共通点

リスニングのスコアアップのために、ノイズキャンセリングイヤフォンなど自分に合った小道具を使っている。

700点以上を取るにはリーディング力が必須

700点台突破あたりまではリスニングセクションが重要になりますが、それ以上のスコアを取るには、パート7など、リーディングセクションでの確実な得点が不可欠です。最終的にはリーディング力が必要になります。

とはいえリーディング力が弱い人、長い文章を読み慣れていない人にとって、パート7のダブルパッセージなどの長文をいきなり読むのは、かなり大変なことです。

複文を読むと読解力アップにつながる

リーディングが苦手な人には、**主節の文と従属節の文から構成される「複文」をたくさん読むトレーニングが有効**です。そこで私がお勧めするのは、**英文が長めのパート5の問題文を、リーディング教材として利用する方法**です。

複文が読めなければ、パート7の長文問題は読めません。一方、パート5の問題文にも複文が少なくありません。ですから、新公式問題集や市販の問題集でパート5の問題を解いたら、今度はその問題文をリーディング教材として利用すればよいのです。その際、必ず少し長めの複文が使われている問題を選んでください。

以下は私の『1日1分レッスン！　新TOEIC®Test　千本ノック！2』（289ページ）に登場した問題文です。

"Growing competition from foreign companies has been cited as a primary reason that many domestic companies are falling short of their financial targets for this year."

（多くの国内企業が今年の売上目標を達成していない主な原因は、外国企業からの増大しつつある競争のせいだと言われています。）

このように、少し長めの複文が使われている問題文は、一つの文でも内容の密度が濃く読みでがあります。こうした**複文を1日40本くらいずつ読む練習をしていくと、パート5を解くのに必要な力に加え読む力も確実についていきます**。複文リーディングのトレーニングを積んでいくうちに、パート7の長文を読むのも苦ではなくなっていきます。特に最近は、リスニングセクションの「読むスピードが速くなった」という声をよく聞きます。英語の基礎力が不足気味な人は、同時に語彙や文法項目を勉強していくと効率的に力がついていきます。

パート5に重点を置いた勉強法は効率的ではないと第2章で触れましたが、**長めに作成されたパート5の問題文を使って頭から読む練習をすれば、パート7の読解の勉強も合わせて行なうことになり、特に英語から遠ざかっていた人、リーディングが弱い人にとっては効果的な勉強法**です。

返り読みのクセを直そう

返り読みとは which / that や what など関係詞以下の節を読んでから、もう一度先行する主語や目的語、主節に戻って読む読み方です。昔はよく who や which / that といった関係詞がくると「～ところの○○」などと訳したものです。

受験勉強や講読の授業で主語、動詞、関係詞などの構造を細かく分析して読む練習をした人によく見うけられます。学校の授業で全文和訳をするうちに、日本語的語順で読もうとして返り読みをするクセができてしまったのでしょうか。

返り読みをするクセのある人は、**英文を頭から順番に読みとばしていく練習**をしましょう。

Charge customers who hold cards which will expire before August 10 should be sure to renew their card with us before August 9.

このような英文があった場合、返り読みをする人は“who hold cards”が“Charge customers”を修飾する部分として「クレジットカードを所有するカード会員」とwho以下を読んでから文頭に戻ります。

さらに“which will expire before August 10”はその前の“cards”にかかる部分なので「8月10日以前に期限切れとなるクレジットカード」とwhich以下を読んでからcardsに戻ります。

その上でこの二つの内容を融合して「8月10日以前に期限切れとなるクレジットカー

ドを所有するカード会員」と読み、ようやくshould be sure以下の文章につながっていきます。こうして「8月10日以前に期限切れとなるクレジットカードを所有するカード会員は必ず、8月9日以前に更新をしてください」という文章として理解していくわけです。

つまりは、日本語の語順で情報を並べ替えて、英語の文章を理解しようとしているわけです。

返り読みは一つの文をゆきつもどりつして読むため、時間がかかります。TOEICのように情報量の多い文章を読むうえでは不利です。

特に**パート7のシングルパッセージ後半やダブルパッセージの問題は、返り読みをしていてはとても読み終わりません。また、リスニングセクションパート4のように読まれる英文が少し長くなると大筋を追えず、単語しか頭に入ってきません。**

かなり読解力のある人にも返り読みをする人がいて驚かされますが、これは日本の学校の英語教育の問題点かもしれません。**TOEICで高スコアを目指す人は、返り読みをするクセを早く直しましょう。**

ネイティブは当然のことながらその語順のまま読み、意味を理解しています。そのままの語順で理解する練習をしましょう。

語順のまま読む訓練としては、音読が効果的といわれています。ただ、忙しいビジネスパーソンは音読をする十分な時間もないかもしれません。その場合は**通訳の訓練などで使われるスラッシュリーディングもお勧め**です。スラッシュリーディングとは、意味の区切れごとに斜線を引き、区切れごとに訳しながら、そのまま読み進めていくというやり方です。

Charge customers / who hold cards / which will expire / before August 10 / should be sure / to renew their card / with us / before August 9.

カード会員は／カードを所有する／期限が切れる／8月10日以前に／必ず／カードを更新する／私たちのところで／8月9日より以前に

つまり日本語の訳文のように理解するのではなく、語順のままで内容を理解していく練習です。

語順のまま意味をつかんでいけるようになると、読むスピードは格段に速くなります。最初は文章量が多いと大変なので、パート5あたりの少し長めの問題文を使って練習するとよいでしょう。

短期間に結果を出せる人の共通点

ハイスコアにはリーディングの力が必要であることを熟知している。そのため、複文を読む練習を重ね、返り読みをしないように注意している。

860点以上を目指す人は英文の経済新聞で語彙を増やす

TOEIC900点突破を目指す場合は、ビジネス英語の語彙を増やさなくてはなりません。しかし市販の語彙の参考書ではどれも不十分なので、**このレベルになると、英文経済紙「フィナンシャル・タイムズ」や「ウォール・ストリート・ジャーナル」（ネット購読）などを読んで、自分で語彙を学んでいく必要があります。**

新TOEICになる以前でしたら、「ジャパンタイムズ」の経済記事でも十分だったのですが、最近のパート5の語彙問題には、「ジャパンタイムズ」には登場しないような単語や慣用表現がいくつも登場するようになってきました。

英文経済紙を読むといっても、高額な購読料を払って定期購読する必要はありません。インターネット版であれば「フィナンシャル・タイムズ」や「ウォール・ストリート・ジャーナル」は安価で読むことができるので、大いに利用しましょう。**1日2本分の少し長めの記事をプリントアウトして読んでください。他にTOEICに特化した学**

習も必要なので、１日10分だけ、記事１本を５分と割り切ることも必要です。

「フィナンシャル・タイムズ」であればトップページの上部から「World」の中の「Asia-Pacific」をクリックし、読みやすそうな記事を選びます。ＩＢＭの売り上げがどうしたといった国際企業の業績などに関係した記事がお勧めです。

また月額４７２５円払えば**「Business English Pro」**（http://www.wisdomsq.com/program/bepro/）も購読できます。４段階のレベルに分かれていますが、下の二つのレベルであれば、語注や日本語訳、問題までついています。「フィナンシャル・タイムズ」と「エコノミスト」の記事の中から、比較的読みやすいものが選ばれています。

また、「Business English Pro」をより手軽に学習したい方を対象にしたスマートフォン限定の「１日10分ビジネス英語」であれば月額９８０円で購読できます。

経済やビジネス関係の世界に疎い人は、英語力があっても経済紙の記事は内容がなかなか理解できず、苦手意識の強い人もいるかもしれません。そういう人は「ザ・ジャパン・ニューズ（元デイリーヨミウリ）」など日本の新聞社の英字新聞のビジネス関連の記事を読んでみたり、あるいは「日本経済新聞」を読んでみたりして、経済やビジネス関連の基礎知識をつけてからこれらの英字紙やサイトに進むとよいでしょう。

ちなみに**英字経済紙を読む勉強は、８００点を突破したレベル以上の人におすすめしています。**６００点台や７００点台で始める人もいますが、そのレベルの人はＴＯＥＩＣに特化した、ＴＯＥＩＣ形式での問題練習など他に重点的にやるべき勉強がありま す。勉強時間をたくさん取れるという人はやってもいいのですが、集中して効果的に勉強できる時間というのは限られているので、あれこれ勉強してもあまり効果的ではありません。仕事で必要なので海外の企業の動向が知りたいというような、７００点以下の方は無理して読む必要はないと思います。

知らない単語すべてを調べない

英字新聞の読み方についてですが、少し長めの記事（Ａ４用紙１枚くらいの長さのもの）を１本5分と制限時間を設定して読むことは１９３ページと第2章（96ページ）で述べましたが、もう一つ重要なポイントがあります。それは、**「知らない単語を全部調べない」**ということです。

最初に、Ａ４用紙１枚程度の記事１本を5分以内で読みます。知らない単語がいくつも出てきて、意味のよくわからない文章も多々あるでしょうが、内容を類推しながら、とりあえず最後まで読みます。この時、**知らない単語やフレーズに線を引いていきます。読み終わったら、次に単語やフレーズを調べますが、記事1本につき5語以内、読み慣れていない人でも10語以内にします。**線を引いた中で、重要と思われる単語を選んで、辞書を引いてください。辞書も、調べるのに時間のかからない「電子辞書」や「英辞郎」を使うといいでしょう。

なぜ調べる単語を限定するかというと、知らない単語すべてを引いていたら時間が膨大にかかりすぎて大変だからです。できるかぎり負荷をかけないで勉強しないと、毎日は続きません。

そしてなによりTOEICでは、**「知らない単語があっても、内容を類推して読む力」が大切**だからです。実際、ビジネスでは膨大な英文レポートを読まなくてはならないですが、その際にいちいち知らない単語を辞書で調べていてはとても読みこなせません。知らない単語があっても、読み飛ばしつつ、本当に必要な重要な単語だけ確認するといった読み方が求められます。「すべての文章を均等にしっかり理解する」といった学校の英文講読の授業のような読み方ではなく、「重要なところだけしっかり理解する」読み方ができるようにならないといけないのです。

知らない単語があっても動じず内容を類推する力、そしてどの文章、どの単語が重要かを峻別《しゅんべつ》する力を鍛えるため、1本の記事について調べる単語は5～10語に限定するのです。

なお、最初のうちは知らない単語ばかりかもしれませんが1週間ほど続けると、英文経済紙、特に「Company」というジャンルに特定すれば、頻出する単語が決まっていることに気がつくでしょう。したがって、**一通り頻出単語を調べてしまうと、知らない単語もガクンと減ります。また毎日読むうちに、重要な単語とそうでもない単語の区別もはっきり見えてきます。**

単語を調べたら、もう一度英文を読み直しましょう。内容がだいぶはっきり見えてくるはずです。

調べた単語や熟語は単語帳に記して覚えていきます。英字新聞で学ぶ語彙はパート7の読解だけでなく、パート5の語彙問題に出題されるケースも非常に高いので、しっかり覚えましょう。

なお、単語や熟語は単体で覚えるよりも、文脈の中で覚えたほうが定着しやすいので、例文も一緒に載せるのをお勧めします。覚えられればいいので「きれいな単語帳」を作る必要はありませんが、エクセルなどを使ってパソコンで管理するほうが、同じ単語を使ったフレーズをまとめて覚えるといった、システマティックな勉強ができるようです。

時間のないビジネスパーソンであれば、ノートに走り書きでも大丈夫です。文法事項も単語も裏紙に走り書きし、それらを常時持ち歩いて高得点を出した人もいます。

短期間に結果を出せる人の共通点

英字新聞を読む練習は、800点以上を取得済みの人限定。ネットを使えば、安価で読むことも可能である。知らない単語をすべて調べず、とにかく記事を最後まで読む。

試験会場で集中力を発揮するための技

ＴＯＥＩＣは体力と集中力を要求される過酷な試験です。ですから、試験前は体調管理が大事です。試験当日、睡眠不足だとスコアに確実に響きますので、前日は睡眠を十分に取るようにしてください。

試験直前に百マス計算をする人も

ＴＯＥＩＣはスタートダッシュが重要です。

リスニングセクションのパート３が始まったら、すぐに設問と選択肢の先読みを猛スピードでやらなくてはなりません。開始直後からエンジン全開、頭がフル回転した状態にしておかなくてはならないのです。

そこで、**試験直前に百マス計算をした人がいました**。そのせいだけではなく、主な要因は教室で私が教えたことを彼が徹底的に練習したからですが、教室開始後４日目でのテストにもかかわらず、リスニングセクションで80点も伸ばしました。スタートダッシュが必要な試験なので、じわじわと調子が上がっていくタイプは、彼のように試験の始まる前からテンションを上げる工夫をしておくとよいかもしれません。

高い集中力を長時間にわたって持続させないとならないのがＴＯＥＩＣです。リスニングセクションが終わったら、今度はリーディングセクションで猛スピードで英文を読み進めなくてはならないのですから大変です。

そこで当日は、**栄養ドリンクを飲んでいく人も多い**です。自分に合ったドリンク剤を見つけてください。同じ銘柄でも値段がやや高めなタイプは、効き目が違うそうです。ただ胃腸が弱い人は要注意です。仕事で残業が続く時などに飲んで、試しておいたほうが安心です。その他、チョコレートやバナナを食べるという人もいます。要は集中力が持続し、頭がフル回転した状態にもっていければよいのです。

当日の昼食について聞かれることも多いですが、13時開始のテストなので、昼食は少なめにしたほうが頭が働くと思います。

会場の環境には、結構落差があります。冬場だと非常に寒い時があります。

また、夏場も冷房が効きすぎて非常に冷えることがあります。試験官にいちいち言っている時間ももったいないので、ひたすら寒さに耐えながら解答するしかありません。「寒くて寒くて試験どころではありませんでした」という受験者からのメールをよくいただくのですが、**膝掛けのようなものを1枚用意しておくと安心**です。それから夏場は、冷房を入れ忘れられるケースもありますので、いざとなったら1枚脱げるような服装にしておいたほうがいいでしょう。

短期間に結果を出せる人の共通点

百マス計算、栄養ドリンク、膝掛け……よりよい点数ゲットのため、体調管理にはさまざまな工夫を凝らしている。

直前にIPテストを受けて弱点をチェック

TOEICには年8回実施される「公開テスト」のほかに、大学や企業などの団体が実施するIP（Institutional Program）テストがあります。企業以外でも「明治大学」や「青山学院大学」などで開催しているIPテストは一般の人も受験できます。公開テストの1週間前にIPテストが実施されるところもあります。

私はこの**IPテストを、公開テストの前に受験**することを勧めています。公開テストの結果しか認めていない企業もありますが、IPテストの受験は公開テストのスコアアップにも大きな効果があります。

TOEICはそのテスト自体に慣れている人、よく知っている人のほうが明らかに有利なテストです。TOEICの受け方には、設問や選択肢の先読みをする、各パートの時間配分に気をつける、などさまざまなコツやテクニックがありますが、知っていたからといって、それが実行できるというわけではありません。家で新公式問題集を時間を計りながらやるといった練習を繰り返しながら、だんだんできるようになっていくわけで、その仕上げとしてIPテストで予行演習をするのです。

どうやってパート7に十分な時間を確保するか、どんなテンポで問題を解いていくべきかなどを、実際に確認してください。

さらに、直前のIPテストを受けることで、どんな問題が解けなかったか、自分の弱点も客観的に把握できます。

公式テスト前のIPテストは受験すること以上に、受験後の分析が大切です。実際、最新の出題傾向や自分の弱点を冷静に把握し、最終調整をした結果、その後の公開テストで900点突破を達成した人もいます。何よりもIPテストを受験することによって、次の公開テストまでモチベーションを高く保つことができます。

短期間に結果を出せる人の共通点

本番前にIPテストを受験することには、予行演習以上にさまざまなメリットがあることを知っている。

＊ここで紹介している本は、著者がおすすめするごく一部です。
他にも優れた参考書＆問題集がたくさんありますので、
ご自身にあったものを使用されることが大切です。

応用編：模試・総合問題集＆参考書

『TOEIC®テスト 究極の模試600問』
（ヒロ前田著／アルク）

★『はじめての新TOEIC®テスト全パート総合対策』
（塚田幸光著／アスク出版）

『3週間で攻略 TOEIC®テスト900点！』
（大里秀介著／アルク）

『新TOEIC® TEST全力特急 絶対ハイスコア』
（濱崎潤之輔／朝日新聞出版）

+α：単行本で語彙を増やす

★『新TOEIC® TEST 出る単特急 金のフレーズ』
（TEX加藤著／朝日新聞出版）

『TOEIC®テスト英単語 出るのはこれ！』
（中村澄子著／講談社）

『新TOEIC®テスト スーパー英単語』
（ロバート・ヒルキ、小石裕子ほか／アルク）

すべてに共通の最重要アイテム

『TOEIC®テスト 新公式問題集』（Vol.2 〜 6）
（すべて、Educational Testing Service著／
国際ビジネスコミュニケーション協会編集）

＼緊急コラム！／

おすすめ参考書＆問題集

★マークは初心者向けです。

リスニングセクション攻略法を知る

『TOEIC® TEST リスニングの鉄則』
（中村澄子著／講談社）

★『新TOEIC® TEST リスニング 出るとこだけ！』
（小石裕子著／アルク）

『TOEIC®テスト パート3、4出るのはこれ！』
（ヒロ前田著／講談社）

リーディングセクションパート5・6の攻略法を知る

『1日1分レッスン！ 新TOEIC® Test千本ノック！』シリーズ
（中村澄子著／祥伝社）

『TOEIC®テスト パート5、6出るのはこれ！』
（中村澄子著／講談社）

★『新TOEIC® TEST英文法 出るとこだけ！』
（小石裕子著／アルク）

★『1駅1題 新TOEIC® TEST 文法特急』
（花田徹也著／朝日新聞出版）

リーディングセクションパート7の攻略法を知る

★『新TOEIC®テスト 1週間でやりとげるリーディング』
（中村澄子著／ KADOKAWA中経出版）

『TOEIC®テスト パート7 出るのはこれ！』
（中村澄子著／講談社）

『TOEIC®テスト 究極のゼミPart7』
（ヒロ前田著／アルク）

書名	TOEIC®テスト新公式問題集 Vol.4
著者	ETS
発行／刊行	国際ビジネスコミュニケーション協会／ 2009年
特徴	聴きたい音声を簡単に探せる「CD トラック一覧表」を新たに掲載。トランスクリプトにナレーターの発音の種類（米国・英国・カナダ・オーストラリア）を初公開。

書名	TOEIC®テスト新公式問題集 Vol.5
著者	ETS
発行／刊行	国際ビジネスコミュニケーション協会／ 2012年
特徴	Vol. 4 で好評だった「細かな CD トラック分け・ナレーターの発音種類の記載等」を踏襲。解説や重要語句の掲載数がさらに充実。練習テスト 2 回分（400 問）。スコア換算表、音声スクリプトつき。

書名	TOEIC®テスト新公式問題集 Vol.6
著者	ETS
発行／刊行	国際ビジネスコミュニケーション協会／ 2014年
特徴	Vol. 5 までの特長を踏襲しつつ、「話す」「聞く」という発信型の英語力を直接測定する TOEIC スピーキングテスト／ライティングテスト（TOEIC SW テスト）のサンプル問題を特別収録。

＼緊急コラム！／

受験生必読！
新公式問題集vol.1〜6を
まとめてチェック！

書名	**TOEIC®テスト新公式問題集**
著者	ETS
発行／刊行	国際ビジネスコミュニケーション協会／ 2006年
特徴	2006年5月の改変以降の出題パターンをそのまま示している。言うまでもなく、受験者にとってバイブル中のバイブル。しかし、古いため、今の出題傾向とはズレがある。

書名	**TOEIC®テスト新公式問題集Vol.2**
著者	ETS
発行／刊行	国際ビジネスコミュニケーション協会／ 2007年
特徴	新公式問題集第2弾。和訳・音声スクリプト・スコア換算表つき。サンプルテスト（16問）、練習テスト2回分（200問×2 計400問）。

書名	**TOEIC®テスト新公式問題集Vol.3**
著者	ETS
発行／刊行	国際ビジネスコミュニケーション協会／ 2008年
特徴	「新公式問題集Vol.3の効果的な使い方」「覚えておくと便利な表現」を新たに掲載。CDのPart3の会話とPart4の説明文の音声に1つずつトラックがつき、頭出しが容易になっている。

第5章

仕事の
できる人ほど
高得点を出せる

求められているのは、ビジネスで使える英語力

これまでも何度か触れてきましたが、ＴＯＥＩＣで求められるのはどちらかというとビジネスの現場で使える基礎の英語力です。ＴＯＥＩＣの勉強をすると、おのずと仕事で使える英語の知識やスキルが身についていきます。ただし、会話は発話練習が必要なのでＴＯＥＩＣの学習での習得は難しいです。

今のTOEICは仕事の現場で使える

「試験のコツやテクニックさえ知っていればＴＯＥＩＣでは高スコアが取れる」と誤解している人もいます。しかし、それだけで高スコアは取れません。実際にテクニックを使いこなすためには、英語の知識や練習量が必要になるのです。

結果として勉強せざるをえず、本当にビジネスで使える英語の基礎がついてくるとい

うわけです。TOEICは努力したことがきちんと役に立つ試験であることを、改めて強調しておきたいと思います。

TOEICで出題される問題はビジネスで使われる表現のオンパレードです。

リスニングセクションに登場する英語はパート3の会話表現を中心に、外資系企業で日常的に飛び交っているものばかりなのです。

これらの表現を覚えてしまえば、すぐにでも仕事で使えます。

パート7に登場する長文は仕事でやりとりするEメールやビジネスレターなどの英文と同種類のもので、パート7に登場する構文や表現を覚えれば、Eメールやビジネスレターを書く時に使えます。

さらにパート5とパート7には、ビジネス関連の英文レポートで頻出する単語や表現が登場します。私は『ビジネス英語はIRレポートで学べ！』（東洋経済新報社）を執筆した際に国内外の企業の英語のIRレポート（投資家向けの情報）を大量に読みましたが、IRレポートに登場する語彙とTOEICのパート5、パート7に登場する語彙が思いのほかオーバーラップしているのに驚きました。5〜6年前のTOEICでは考えられないことです。

たとえば「連絡窓口の会社」という意味の"liaison office"、部品供給などで「支配的に供給を行なっている会社」といった場合に使われる"dominant supplier"、プロジェクトの実現可能性が高い低いという時に使う"feasible"といった語彙はIRレポートにも、最近のTOEICのパート5にも、登場しています。

つまり、今のTOEICの英語は、仕事の現場と大きくは乖離《かいり》していないのです。

ですからTOEICの英語を身につければ、そのまま仕事に役立つわけです。ただし、ビジネス英語中級〜上級レベルになると、スピーキングやライティングも含め、さらに別の勉強も追加しなければなりません。

普段のビジネス経験が生きるTOEIC

TOEICは、年々難しくなり、2〜3年ぶりに受けると100点以上下がったという人が多いです。しかし語彙や表現に関していうと、ビジネスパーソンにとっては、とても身近になっています。**日頃から仕事で英語を使っている人にとっては、まさに日々使っている英語表現**で、日々の業務がTOEICにも生かせるはずです。

英文メールや英文レターなどが社内で回覧される方は、ビジネス用語や使えそうな表現をピックアップして自分用の単語帳を作ってもいいかもしれません。パート5やパート7の勉強になります。

TOEICですでに900点を突破している外資系カード会社勤務の女性Zさんは、社内の英語文書やメール、さらに私のメールマガジンなどで使えそうな単語や表現を見つけたらピックアップしておいて、単語帳を作っているそうです。エクセルを使い、単語と日本語訳、そして例文を「ジェネラル」（一般業務）、「ファイナンス」（財務）といったジャンル別に作っていて、個人的なデータベースになっています。その数はすでに2000語を超えているそうです。

Zさんは TOEICのためではなく、仕事で使うためにデータベースを作っています。**ビジネス語彙や表現を増やすには、このように、気がついた時に語彙や例文をピックアップして自分用の単語帳を作っていくのが一番確実**です。特に英語のメールや文書がやりとりされる会社にお勤めの方は、直接仕事からビジネス英語を学ぶように心がけてみてはいかがでしょうか。

まったく内容のわからない、普段使わない英単語を数多く覚えるのは大変です。

しかしTOEICに出るビジネス英語は、日頃の業務に関連した事柄やビジネスシーンで起こる状況についての言葉なので、ビジネスパーソンにとっては、その英語自体は知らなくても、たとえばviable（実行可能な）のようにカタカナ表記で日本語として使っているので、意味することが具体的に理解できることが多いです。

しかし社会経験、ビジネス経験のない人はそうはいきません。訳語を調べたとしても、その日本語自体が意味不明で、意味する内容がよくわかりません。彼らにとってビジネス表現を覚えるのは、努力が必要です。

パート7のダブルパッセージで登場する表も、最近は発注表や受注表やセミナーのスケジュールなど、ビジネスに直結したものが大半です。こうした問題は純粋な英語の問題というよりは実務に近いかもしれません。ですから英語はあまり得意ではないけれど、表関連の問題は最初から得意というベテランのビジネスパーソンも多いです。

このように**TOEICはビジネスの経験豊かな人にとって、アドバンテージのある試験**なのです。英語が少々苦手でも、いったん勉強を始めてみると、意外にとっつきやすく、ぐんぐん実力をつけてスコアアップしていくケースも珍しくありません。

短期間に結果を出せる人の共通点

ＴＯＥＩＣの勉強を通して、仕事で使える英語の知識や表現を身につけている。

仕事のできる人はTOEICで早く結果を出す

教室やセミナーで大勢の人を教えてきて実感するのは**「仕事ができる人はTOEICで早く結果を出す」**ということです。

仕事ができる人は、目標なりプロジェクトなりをデッドラインに合わせて仕上げていくことに慣れています。一つのことだけをじっくりやって、最高レベルに仕上げるのではなく、数多くのやるべきことに優先順位をつけつつ、時間をやりくりしながら作業を進め、あるレベル以上の質で仕上げていく……といったことを長年こなしてきています。

これはTOEICで高スコアを達成する際に求められることと同じです。じっくりすべてを理解する力ではなく、**短時間に要点だけ理解する力が求められるTOEICの要求水準は、仕事での要求水準と似ています。そして要求水準を超えるためにすべきことも仕事と似ています。**どんな勉強をする必要があるのか、何を優先するべきかを把握し、デッドラインまでに目標を達成するスケジュールを組める人が、高スコアを早く出します。

だから英語に関係した仕事をしていなくても、あるいはずっと英語から遠ざかっていた人でも、仕事のできる人は、ＴＯＥＩＣの勉強を始めたら高スコアを取るのはとても早いです。

仕事のできる人は、「このやり方で勉強しなくてはいけない」となったら、一気にがーっと進めていきます。最初はリスニングセクションについて、「先生、これはそんなに簡単にはできないでしょ」と尻込みする方も多いのですが、アドバイス通りに猛烈に練習をして、そしてすぐに実力をつけていきます。

また、そういう人は私が**教えた方法を自分なりにアレンジし、バージョンアップをはかるのが上手です**。創造力が豊かで、さまざまな方法をあみ出す力に優れ、私が驚くような方法を考え出します（第3章参照）。

早く結果を出したい人は、ＴＯＥＩＣを英語の試験と思わず、**仕事の実務能力を見る試験なのだと発想を変えてみてはいかがでしょうか**。日頃こなしている仕事と同じ気持ちでＴＯＥＩＣに取り組むと、ビジネスパーソンの場合は効率的に勉強ができるかもしれません。

短期間に結果を出せる人の共通点

仕事で求められる能力は、ＴＯＥＩＣで求められているものと共通点が多い。したがって、仕事ができる人はＴＯＥＩＣでも早く結果を出す。

限られた時間での勉強の割り切り方

早く目標スコアを出す人たちには、**「すべてを網羅する勉強は不可能」といったドライな割り切り方をしている**人が多いです。つまり、目標スコア突破に必要最低限の範囲に限った勉強をしているのです。特に最近、TOEICを受験する人が増えてきた弁護士さん・会計士さんたちに、こうした割り切った勉強法を取る人が目立ちます。

会計士さんのひとりに話を聞いたところ、公認会計士の試験や司法試験のように出題範囲が非常に広い試験では、総量の7〜8割程度に最初から絞り込んで勉強することができる人が、合格するのだそうです。試験に出るかもしれないけれど出ないかもしれない残りの2〜3割は、あえて勉強しない。話を聞いて、なるほど、と思いました。

「あれも試験に出る、これも試験に出る」「あれもこれも英語の力がつく」というふうにすべてを網羅して勉強しようとすると、限られた時間内ではどれも中途半端な理解度にとどまってしまいます。それなら100％網羅を目指すのではなく、合格点突破を目指して範囲を狭めて勉強し、理解度の高い部分を増やしたほうが高得点を取れる可能性が高いのではないかということです。

TOEICでも、800点突破を目指すレベルでしたらこのやり方は大変有効です。

短期間に結果を出せる人の共通点

――すべてを網羅的に勉強することは不可能、と割り切っている。

短期間で高得点を取る人の特徴

高スコアを早く出すのは「やりたい仕事を手に入れたい」という状況に置かれている人が多いです。

一発で835点を出したハイヤーの運転手さん

アメリカ資本の著名ホテルに所属する運転手さんでＴＯＥＩＣ８００点突破を目指し、教室に通ってきた人がいました。ＴＯＥＩＣ受験の理由は、来日する外国人重役の仕事を多く取りたいから。ハイヤーの仕事も、仕事を受ける相手によって収入が異なるそうです。

たとえば、アメリカのグローバル企業の重役が仕事で来日すると、移動はほとんどハイヤーを使います。こうした収入のいい外国人重役向けハイヤーの仕事を優先的に受けるには、英会話力やTOEICの点数が関係してくるそうです。

そういう理由で、彼はTOEICの高得点を目指して教室に参加しました。目的がはっきりしていたからでしょうか、一発で835点（参加前は685点）を取りました。お礼メールをいただきましたが、**早く目標スコアを達成できたのは、モチベーションが高く集中して勉強していたから**だと思いました。

現在も、NHKの『トラッドジャパン』やケーブルTVのFOXのドラマ・CNBCの『スクワークボックス』などを録画し、経営者やマーケット関係者のタイムリーな会話を聴いて勉強しているそうです。彼は、昨年夏に再度教室に参加しました。というのも、2020年の東京オリンピックに向けて「通訳案内士」の試験が改正され、TOEICで840点以上あれば英語のテストが免除になることになったのです。独立して友人と会社を作っており、通訳案内士の資格を持ったハイヤーの運転手になれば、外国人のお客さんを多く取り込むことができるから、ということでした。

彼は、教室終了直後に、860点を取得しました。初回参加時に比べテストが徐々に難しくなっているので、久々に受けると大半の人が100点以上下がってしまうのがほとんど。なので彼は、実際は短期間で735点→860点を達成したということになります。

また、その直後に受けた「通訳案内士」の試験も、無事に合格しました。

一発で900点を突破するのは外資系金融機関の女性に多い

短期間で猛勉強して着実にスコアを上げる代表格は外資系勤務の女性、それも外資系金融機関勤務の女性が圧倒的に多いです。**一発で900点を突破する人も多いです。**

外資系金融機関は業績評価が厳しく、成績が今一つであれば簡単に解雇されます。そういう業界で時には解雇も経験しながら、生き延びている彼女たちは、「やる時は徹底してやらないといけない」ということをシビアに理解しています。非常にハードボイルドな感覚の持ち主です。

米系投資銀行あたりで生き延びている女性たちは、常に結果が求められる世界で仕事を続けています。中にはどこかから引き抜かれている人もいます。睡眠時間も少ない中、頑張ってきていますから、やらなくてはならないとなったら、徹底してやる人が多いです。ノウハウがいるということがわかれば、情報収集力を駆使してすぐに教室を探

し、それまでTOEICを一度も受けたことがなかったのに、一発で900点を出してしまうのです

優先順位のつけ方が上手で、「あれもこれも」とは欲張りません。頑張れるタフな精神力も兼ね備えています。情報収集力に長《た》けているので、本や教室の選び方も上手です。

厳しい環境の中で日々鍛えられてきたことがよくわかります。

短期間に結果を出せる人の共通点

――「やりたい仕事を手に入れたい」という思いが強く、モチベーションが高い。

60歳を過ぎてから800点は出せる。その実例

気力、体力が必要なＴＯＥＩＣの試験は、本来20代、30代の若い人たちに有利なはずです。

しかし、実際は**40代以上の世代が意外と健闘し、さらにシニア層でも着実に結果を出す人が多い**のです。

たとえば、５カ月で６００点台前半から８３０点にまで伸ばした60代のＳさんもそのひとりです。

定年を迎えたＳさんは、ジャイカのシニア海外ボランティアへ参加することを希望していました。選考の際、ＴＯＥＩＣ７３０点以上だと英語のテストを免除されると知って受験を決意し、私の１日セミナーに申し込んできました。会場の前方の席に座っていたので、とても目立ちました。私は早口ですし、１回の授業にかなりいろいろなことを盛り込んで話すので、シニアの方はテンポが合わず、大変なのではないかと思って、

「わかりますか」と聞いたら「う〜ん」と言葉を濁《にご》していらっしゃいました。

その後、Sさんは教室にも参加しましたが、リスニングセクションのパート3の設問と選択肢の「先読み」はコツがつかめず、とても苦労していました。たまたま元教室生を対象にした「パート3」特別セミナーを開く機会があり、即座に申し込んできました。わからなくても諦めず、積極的に勉強を続けるその姿勢に改めて感心したのですが、特別セミナーでもう一度説明したところ、Sさんは何かを会得《えとく》されたようでした。**一度コツをつかんだ後は早くて、リスニングセクションのスコアを一気に伸ばしました。**

ちなみにSさんはリスニングセクションの練習のために息子さんにiPodを借りて、毎日聞いて勉強したそうです。きっとiPodの使い方から教わったのでしょう。親子のやりとりを、微笑ましく想像しつつ、真摯《しんし》な姿勢で勉強する方は強いと思いました。

Sさんは私が授業で教えた、パート7の細かい内容も全部覚えていました。ある特殊な問題が本番で出題されたのですが、その後で、「先生、出ましたね」とのメールが届きました。実にぬかりがないのです。

もともと3月までに730点を取らなくてはいけないということで、夏の1日セミナーに参加後、10月から教室にいらしたのですが、結局1月の段階で830点を出していました。

シニアになると、確かに若い人のように1回では理解できないことやコツがつかめないことがあります。でも2回、3回と繰り返して勉強すれば理解できますし、**熱心にコツコツと勉強する人が多いので、着実にスコアアップします。**貪欲《どんよく》に新しいことを吸収し、真摯に勉強に取り組む姿勢は、むしろ若い世代に見習ってほしいところです。

「手抜きをして要領だけ学んで楽をしよう」という人と、「真摯に取り組む」人との間では大きな差が出ています。

短期間に結果を出せる人の共通点

シニア層はコツコツと勉強する人が多いので、きちんと結果を出す。

モチベーションを維持する能力のある人が強い

TOEICは気力、体力を要求される試験ですから、やはりモチベーションの高い人が強いです。ビジネスパーソンの場合は、「希望する仕事をしたい」「○○点あると報奨金がもらえる」「○○点ないとリストラ対象となる」といった、仕事に関係したことが強いモチベーションとなります。

ただ、モチベーションを維持する力となると個人によって差が生まれます。モチベーションの維持ができる人とできない人がいるのです。**「モチベーションを高いレベルでとどめる」ことに優れている人がやはり強い**です。

10年前の私の本に何度も登場した郵便局勤務の方は、このモチベーション維持が上手な人でした。たとえば毎日問題集を解くと「今日は20問中の15問正解した」、語彙を覚える際も「今日で合計○○語を覚えた」などといったことを、問題集の裏に日付とともにメモし、しばらくしてその正解数が以前のものを上回ると、その日の日付とともに正解数をメモするなどして、自分でモチベーションを高く保つ工夫をしていました。
毎日、そして１週間といった**短い単位で小さな達成感を味わい、その達成感を積み上げていくのが、モチベーションを維持する**うえでは大切です。

短期間に結果を出せる人の共通点

――高いモチベーションを維持することが上手である。

点数を出せる人は、自分の英語力に関して自己分析ができる

早く高スコアを達成した人に共通しているのは、自分の苦手なことがわかっていて、それに対して適切な対処ができるという点です。つまり自分の英語力に関して自己分析ができる人たちです。

できる人は自分の苦手なところがわかっている

第2章でも触れましたが、リストラされそうになって、2カ月間でTOEIC945点を達成した大使館勤務の女性Iさんがまさにその典型です。彼女はパート5の語彙・文法対策として、私の『1日1分レッスン!』シリーズ4巻を猛勉強したのですが、1巻目を終えた段階で、全体の3分の1程度しか正解できませんでした。2巻目に進んだけれど、やっぱり3分の1しかできなかった。

その時、彼女がすごかったのは**「これは文法知識が不足しているから解けないのだ」ということに気がついた**ことです。彼女は解けなかった問題について、すべて文法書にあたって、勉強したそうです。普通の人は、問題集が4巻あったら4巻通してやって、成長の跡が見られずどれも3分の1の正解率だとしても、ただ問題と答えを暗記して終わりにしてしまうものです。でも暗記しただけでは、応用がききません。理屈がわかっていないと、ちょっと違う英文が使われたら対応できないのです。

Iさんは2巻目に進んでも正解率が上がらないのは、文法知識の不足だと分析して、1問ずつ文法書にあたりました。そのことによって、苦手だった文法力がついてきたのです。

独学の限界を認めてプロの先生を探した

佐渡《さど》在住の男性で、大阪や東京でのセミナーに時々参加していたGさんも、自分の英語力を分析できる人でした。彼は独習で730点突破したのですが、すごいのはその段階で**「これ以上は自分ひとりの勉強では無理だ」と判断した**ことです。

参考書で一生懸命勉強していたGさんは当時、リスニングセクションでの細かいノウハウを知らず、またパート5やパート7のビジネス色の強い語彙や文章にも対応できていませんでした。頑張って勉強しているにもかかわらず、スコアがなかなか上がらない状況に「プロに教えてもらおう」と決意したのだそうです。

ＴＯＥＩＣは人によっても異なりますが、７３０点、次が８００点あたりに壁があります。最後の大きな壁が、８６０点から９００点に到達するあたりです。このレベルになるとリスニングセクションは練習のやり方、ノウハウを知ったうえで練習量をこなして最大限に得点しなくてはなりませんし、通常の読み方では時間の足りないパート７の長文読解問題での正解率を高め、パート５の語彙問題での取りこぼしをできるだけ少なくすることが要求されます。そうしないと９００点は突破できません。

よほど英語力がある人を別として、最近のＴＯＥＩＣでは**独習だけでは９００点を突破するのはかなり厳しい道のりです**。そのことをGさんはかなり早い段階で悟り、そしてプロから必要な受験技術を学ぶことにしました。実際、彼は一気にスコアを伸ばして、最終的には９４５点を出しました。

個人的印象として、最近はIさんやGさんのように**自分の英語力を分析して、足りな**

いところを自分で勉強する、ということができる人はとても減ってきています。すべてを参考書や先生など人任せにしていて、「解説が短いからわからなかった」「教え方が悪いのでスコアが伸びない」となってしまいがちです。すべてを他人に依存していると、結果として自分にとって必要な勉強ができず、なかなか実力が伸びません。

勉強しているのにいつまでたっても高スコアを達成できないという人は、**一度冷静に自分を観察して、どんな力が不足しているのか、それを補うにはどんな勉強をすべきなのかを分析してみる**のが、スコアアップの早道かもしれません。

他人頼みの人は点数が上がらない

対照的に、**スコアが上がらないタイプとして最近目立つのが、「他人頼みの人」**です。

たとえば、授業で単語の意味の違いを質問してくる人がいます。日本語の訳語が似ていて、使い方の微妙な違いがわからないというレベルではなく、辞書を引けばわかるはずの単語です。"output"（生産、生産高）が正解の問題で、選択肢に"product"（生産物、製品）があったとすると「output と product はどう違うのですか」と質問してくるのです。

明らかに意味の異なる別の単語なので、辞書を引いて例文を見ればわかることですが、意味を調べる気が最初からない、**何でも人に聞けばいい、という姿勢なのです。**

最近は予備校でも単語や熟語、対訳など全部用意してくれているところが多いですが、「他人頼み」な学習姿勢の人は年々増えてきているのではないでしょうか。

また、学習の本筋ではないちょっとした疑問を、延々と質問してくる人も目立つようになりました。無料で週2回発行しているメールマガジンのかつての問題の解説で、

「〝despite〟（～にもかかわらず）は、あとに名詞が続く前置詞で、節はこない」

といった説明をすると、「〝despite of〟という表現も辞書に載っていたのですが、この場合の despite は前置詞なのでしょうか」

といった、問題の本筋からずれた質問をしてくる人もいます（ちなみに despite of はレアな表現で、TOEICでは正解になりません。これは図書館などで数冊の辞書にあたればわかります）。

やはり無料メールマガジンの読者で、こんなことがありました。副詞の almost を選ぶ問題で、most は「形容詞」と「名詞」なので使えないという解説に対し、「辞書に

most も副詞として出ていました」

というメールが届いたので、「副詞として most を使うのは俗語や方言なので、TOEICでは正解になりません」

という返答のメールを送ったのですが、送っても送っても、同様の質問メールが送られてくるのです。

自分で考えて自分で判断して、理解しようとしない。**疑問は出すけれど、自分で調べて考えるという過程は飛ばして、他人に正解を教えてもらうというクセがついてしまっているようです。**

私も教室に通う生徒のケアや、他の仕事もあるので、

「辞書や参考書を読めばわかることなので自分で調べてほしい」

と2〜3度返答をした後で断りのメールを送ったところ、

「参考書の説明は少しずつ違っていて、何が正しいのかわからない」「地方に住んでいて教室に通うことができないのでメールで聞くしかない」といった、さまざまないいわけが書き連ねられた返事が届き、最後には「私には聞く権利がある」という内容のメールが届き、愕然としたことがあります。

この方は、他人頼みのクセがついてしまっているという印象を受けました。そこから抜け出すのは大変なことかもしれません。しかし他人頼みで、自分で考察することができない人は、情報処理力を問われるTOEICのような試験で高スコアを獲得することは望めないと思います。

短期間に結果を出せる人の共通点

自分の英語の力を、冷静に分析できる。必要に応じて、その弱点を補強できる。しかし、安易に他人には頼らない。

「点数を出さないと希望する仕事ができない人」が、高得点を出せる

現在、ＴＯＥＩＣはさまざまな形で企業の人事に取り入れられています。海外出張や海外駐在など英語が必要とされる仕事では、ずっと以前からＴＯＥＩＣのスコアが選考条件に入っていましたが、最近は業務で英語を使うか使わないかに関係なく、ＴＯＥＩＣのスコアが昇進要件の一つに入ってきています。

ＴＯＥＩＣのスコアが昇進にも関係する時代

たとえば、某大手自動車メーカーでは係長はＴＯＥＩＣ６００点以上、課長はＴＯＥＩＣ７３０点以上と、昇進要件にＴＯＥＩＣのスコアが設定されています。

金融系の日本企業では、アナリストや資産運用の部署の社員は全員ＴＯＥＩＣ８００点以上を取得することが義務づけられているところが多いです。

また、外資系金融機関に転職する場合は最低で800点、職種によっては900点以上が必要と言われています。

ある大手商社のように、入社2年目で730点を取っていないと昇格が遅れたり、降格になったりするなど、**TOEICのスコアはかなりシビアにキャリアに影響しはじめています。**

昇進要件以外でも、プロジェクト単位でTOEICのスコアを設定する会社が増えてきました。プロジェクトに参加するにもTOEICで何点以上が必要と、TOEICのスコアがプロジェクトへの参加資格の一つとなってきているのです。

TOEICのスコアが低くてチャンスをふいに

某大手電機メーカー勤務のEさんは、かつてTOEICのスコアが原因で、せっかくのチャンスを逃してしまったそうです。

半導体部門で活躍していた彼は、海外の広報セクションの候補に選ばれました。上司などの評価は高く、とんとん拍子に話が進んだのですが、最終段階の役員面接で「TO

ＥＩＣは何点」と聞かれ「６５０点」と答えたところ、一蹴《いっしゅう》され、この仕事は他の候補者の手に渡りました。

まさかＴＯＥＩＣのスコアで切られるとは思わず、呆然としたそうです。

「自分は用心していなかったから、チャンスを生かせなかった」

とはＥさんの言。二度と同じ過ちは犯したくないと、今度はいつチャンスがきても大丈夫なように、９００点突破を目指して教室に参加、直後に８００点台後半を出し、その後仕事で使えるようにと発話練習で好評の学校に通っています。

仕事のチャンスはいつ訪れるかわかりません。みんなやりたい仕事、やりがいのある仕事をしたいはずです。せっかく到来したチャンスを逃さないためのリスクヘッジとして、ＴＯＥＩＣで高スコアを取っておいたほうがよい時代なのです。

高スコアを獲得後、昇進

外資系企業は、どの職にはＴＯＥＩＣ何点以上が必要かといったことを公開していますが、注意すべきなのは日本企業です。人事にＴＯＥＩＣのスコアがどの程度絡んでいるか、はっきりしていない場合も多いのです。

大手銀行のシステム関連で働いていた女性Wさんは、外資系への転職を希望し、TOEICでの高得点を目指して教室に参加しました。お子さんのいる40代の女性で、封建的な日本の銀行ではこれ以上の出世の見込みはないと、判断したのです。

ところが860点を突破したところ、すぐに管理職に昇進が決まりました。人事に昇進の理由を聞いたら「TOEICで860点を取ったその努力できる力を買いました」と言われたそうです。専門のシステムでの能力ではなくて、**努力できる力が評価された**わけで、本人も驚いていました。海外進出を進めている大手金融機関の中には、A～EのようにＡ分け、必要なTOEICの点数をはっきりと示すようになっている所もあります。管理職への昇進条件の一つとしてTOEIC730点以上を掲げている所も少なくありません。

有名メーカー勤務の男性も、800点を持っていたことが部長昇進の決め手となりました。部長の候補者が数名いて肩を並べていたらしく、最後の決め手がTOEICの点数だったそうです。

ちなみにこのメーカーでは、「TOEICが昇進条件になる」とは一切言っていません。

このように、ＴＯＥＩＣが昇進に大きくかかわるケースは少なくありません。もちろんＴＯＥＩＣのスコアだけがよくてもダメなのですが、横並びで優秀な人材がいる際は、ＴＯＥＩＣで高スコアを出した人がいると、一歩リードできて昇進が決まるケースが多いようです。

こうした状況を考えると、**日本企業に勤めている方の場合、むしろ会社がＴＯＥＩＣについて明快な基準を出していない人ほどＴＯＥＩＣを早く受けておいたほうがいい**かもしれません。**他の社員がまだＴＯＥＩＣの重要性に気がついていない間に、先んじて高スコアを獲得しておく**ことで、したい仕事に就けるチャンスが突然舞い込んでくるかもしれませんし、あるいはリストラなどのリスクヘッジになるかもしれません。

実際、先を読む目のある有能なビジネスパーソンは、ＴＯＥＩＣが会社の人事考課に表立って使われる前からＴＯＥＩＣの勉強を始め、高スコアをいち早く獲得しています。個人的には８６０点を突破すれば十分だと考えますが、ある有名メーカー勤務の男性は**「会社でやりたい仕事をしたい人は９００点を突破しておいたほうがいい」**と語っていました。

り、中には、900点というハイスコアを要求する企業もあります。

以前は外資系企業が、主に採用や昇進の目安としてTOEICを利用していましたが、時代は流れ、一部の外資系企業は日本から撤退しはじめています。すでにアジアの拠点を日本から香港、シンガポールなどに移し始めている企業も少なくありません。

一方、日本は人口増加のピークが過ぎ、それに伴い国内の市場は徐々に縮小傾向にあるため、国内の企業も続々と海外に進出。英語を使っての市場開拓が必要な時代になりました。製造拠点としてだけではなくマーケットとしても、アジアをはじめとした海外の持つ意味が日本においても重要になってきたのです。そのため、海外市場を獲得するための日本企業の海外企業買収も増え、企業は英語のできるビジネスパーソンを大幅に増やさなければならない状況になってきています。

よって、国内企業であっても社員や入社試験においてTOEICで高スコアを要求する傾向が顕著になってきているのです。

短期間に結果を出せる人の共通点

ビジネスパーソンの誰もが英語ができて当たり前という時代が、もうかなり近くにきている、ということを実感として感じている。

最近はこんな職業の人たちも受けている

私が教え始めた10年以上前は、教室受講生の大半がメーカー勤務の方でした。メーカーは総じて、要求スコアはそれほど高くはないのですが、当初から「課長は何点以上」といった形で一斉にスコアが設定されていました。意外なところでは、勉強好きの医師も当初からセミナーに参加していました。

その後**教室受講生に製薬会社や金融関係などが増え、今では、あらゆる業界に広がっています**。当然、海外との関連が深い商社の受験者は多いです。日本のメガバンクや証券のようにドメスティックな業種で、かつてはほとんど受験者がいなかった業界でも、今ではＴＯＥＩＣは必須となっています。

意外に**受講生が多いのが弁護士と会計士**です。

弁護士でＴＯＥＩＣを受けるのは、主に海外と関係のある渉外事務所に所属している方たちです。事務所内のプロジェクトに参加するのに、それぞれ「ＴＯＥＩＣ何点以上」といった条件が示されるのだそうです。渉外事務所勤務の弁護士はプロジェクトベースでの報酬がメインなので、プロジェクトに参加できないと収入も大幅に減ってしまうため、TOEICのスコアでチャンスを逃さないようにと、少なくない数の弁護士が勉強しはじめたところのようです。

会計士の受講生も多く、多い時は1ターム2カ月の教室に会計士が3～4名います。今はほとんどの日本の監査法人は海外のアカウンティングファーム（会計事務所）と提携しているため、書類もほとんどが英語となり、英語でのメールのやりとりも日常的になっているそうです。英語力が普通に求められてくる中、さまざまな局面でTOEICの点数が重要になるようです。

外資系ではリストラなどのリスクヘッジのため、900点以上を取っておこうという方が目立ちます。特に合併が非常に多い外資系の製薬企業の方に多いです。合併によって、通常人員の削減が行なわれますが、この場合、どちらの側の社員もリストラの対象になるようです。合併される側に優秀な社員がいればその人を残し、合併する側の社員をリストラするのです。そのため、安閑《あんかん》とはしていられないのだそうです。

また、最近は官僚の方の教室やセミナーへの参加も目立ってきました。官僚もTOE

ICの点数が問われ始めたそうです。

近年リストラが横行した電機業界は10年以上前からTOEICの点数が求められていましたが、要求点はかなり低く、本格的にTOEICの勉強をしていなかった人も多かったのですが、リストラにTOEICの点数を使った企業も少なくなかったようです。2015年6月までに全員800点を出さなければならない楽天では、基準点に満たない社員への減給が行なわれており、また、ソフトバンクでは、800点で30万円、900点で100万円が支給されるため、一時期この2社からの教室参加者は多かったです。

仕事のチャンスを得るため、またリスクヘッジとしてTOEICの高スコアを取っておくことは多くのビジネスパーソンにとって、もはや常識となりつつあるようです。

さらに大学生の中にも、就活のためTOEICを受ける人が増えてきました。

近年、多くの企業が急速に海外市場拡大に向けて動いているため、新入社員にTOEICでの高得点を課す所が増えているのです。就職活動にTOEICの点数が要求されない東大法学部の4年生が「入ってから必要になるから、学生のうちに取っておくように」と面接の際に言われ、教室に通っていたこともあります。

短期間に結果を出せる人の共通点

雇用環境がシビアさを増す中、「リスクヘッジとしてTOEICの高スコアを取っておくことは常識」と考えている。

第6章

情報収集の上手な人ほど高得点を出せる

高得点を出せる人は、よい情報に行き着くのが早い

TOEICで高スコアを早く出す人は、正しい勉強法や適切な参考書・学校に行き着くのがとても早い、という印象があります。よい情報をタイムリーに拾える人というのでしょうか、情報収集力と選択力に優れているのです。

今やTOEICの参考書や学校は、世の中に数多く存在しています。どれも似たようなもので、勉強すれば結果は出るだろうと思うかもしれません。しかし、**参考書や学校のレベルは玉石混交で、どれを使って勉強するかによって、結果が大きく変わる**ことも多いのです。

10年前に1年間だけですが、点数が上がらないという人の「有料相談」を、メールや電話で受けていたことがあります。その時に、信じられないような学校や教材の話を多く耳にしました。

TOEIC対策なのに英会話用の洋書を数冊買わせて授業をする学校や、最初から最

後まで発音矯正のみの授業をしているところがありました。どちらも、点数はまったく上がらなかったそうです。今多いのは、一番新しい公式問題集を使って順番に解説をしている学校です。公式問題集は本番のテストに近く良い教材ですが、その解説をするだけでは大幅な点数アップは難しく、どうやって点数アップするための練習をするか、そのポイントを教わる必要があります。

ＴＯＥＩＣの市場が巨大になったので、英語関連の学校だけではなく、公認会計士・税理士・司法試験用の学校や家庭教師派遣専門会社など、さまざまな業態の企業がＴＯＥＩＣ用の教室を開いています。

情報をゲットするのが下手な人、情報収集力がない人は、ピントのずれた参考書や学校を選んでしまいがちです。

英会話学校や大学の夏期講座も、ＴＯＥＩＣに特化しているところがあるようですが、中には首をひねりたくなるような内容の講座もあります。第1章でも触れましたが、英会話学校や大学が教える英語と、リアルなビジネス寄りのＴＯＥＩＣの英語は少し違いますし、英会話学校や大学の講師はＴＯＥＩＣの専門家ではないので、ＴＯＥＩＣを受けずに英語全般を教えている場合も多いです。ネイティブが教えていることを謳っている講座もありますが、ネイティブの講師が頻繁にTOEICを受験して研究をしているかどうかも、疑問ですし、ネイティブの講師は日本人が聞き取りにくいポイントや間違う理由を、適切に把握しにくいことも多いです。そういうところで熱心に勉強しても、残念ながらあまり効果はありません。

参考書・問題集は大きい書店で探す

よい情報を的確に探し出して正しい勉強法に行き着くのが早い人たちは、情報収集をしっかりやって、そして慎重に選びます。

たとえば、**書店で参考書を探す際も、お客にビジネスパーソンが多い大手の書店に行きます。そこならTOEICの本が各種そろっていますし、書店員さんに聞けば、きちんとした情報を教えてくれます。**時間をかけて何冊もチェックし、徹底的に探しまくって、選びます。

ある教室生から、次のようなメールをもらいました。この人は、全部で8回ある教室の6回が終わった段階でTOEICを受験したところ、手ごたえを感じてくれたようで、受験後2日目にメールしてくれました。

「去年の9月に受けた時は540点でリスニングがまったくわからず、リーディングも30問ぐらい残していたと思います。そのテストの直後に大きめの書店でTOEIC関連の書籍を片っ端から見て、中村先生の本にお世話になることになりました。先生の本のおかげで1年以内に200点上がって、最近では745点になりました。さらに先生の教室に通って、収穫を多く感じています」

やはりこの人も、大きい書店で探しています。

有名な著者の本やベストセラー本だからといって即座に買うことはせず、内容をしっかり吟味しましょう。

一方、ピントのずれた本や学校を選ぶ人の多くは、有名な先生の書いた本だから、売れているようだからといった理由で、中味を吟味することなく買ってしまいます。あるいは、広告がよく出ている有名な学校だからといって、実績や評判を調べずに選びがちです。**情報収集が少なすぎるのに、あまりにも無造作に選んでいるのです。**

ＴＯＥＩＣで高スコアを出すには、自分に合った適切な参考書や学校を選ぶことが不可欠です。そのためには情報収集をしっかりして、じっくり吟味すること。勉強を始め

る前の準備の仕方が大きく結果を左右します。本格的な勉強をスタートさせる前に余計な時間をかけているようですが、結果的に近道になります。情報収集の具体例を、これからご紹介します。

受験経験者に聞きまくって、効率的な方法を選んだ女性

10年近く前に開いた私の第1回のセミナーに参加したある女性は、ネットで1週間かけて徹底して情報収集をしたと語っていました。TOEIC730点突破を目指して、とりあえず独学で受験したところ500点台だったため、講座に通う必要を感じたそうで、インターネットを片っ端から調べまくり、私の発行していたメルマガに行き着き、そしてまだあまり知られていなかったはずの私の第1回のセミナーに申し込んだそうです。

インターネットの時代、探している情報はどこかに必ずあります。**大切なのは、徹底して調査吟味することです**。情報収集に時間をかけることは一見遠回りのようですが、最終的には近道となります。

　また、ある女性はＴＯＥＩＣを受けるにあたり、**会う人、会う人にＴＯＥＩＣを受けたことがあるかを聞き、受験経験者にどんな勉強法をしたかを聞きまくったそうです。聞いた人の数はゆうに１００人は超えたということでした。**そしてＴＯＥＩＣ受験経験者が使った参考書や通った講座をリストアップし、さらにそれぞれの評判なども考慮しながら、勉強法を決めたのです。

　面白いのは、その際に東大出身者など勉強が非常に得意な人は外し、さらに英語を昔から勉強してきた英語が大好きな人も除外したこと。極端な人の例は参考にせず、標準的な能力で英語にもそれほど関心が高くなかった人から情報を拾ったことです。

　彼女によれば、大勢の受験経験者に話を聞くうちに、情報はおのずと絞り込まれ、選択がしやすくなったとのことでした。

成功者の体験談を参考にスコアアップ

　短期間で高得点を出した人の勉強法も、大変参考になります。ＴＯＥＩＣ関係の参考書や英語学習雑誌には高得点者の勉強法が紹介されているので、読んでみてはいかがでしょうか。ただし、**ひとりの高得点者のやり方を参考にするのではなく、10人程度の勉強法を読みましょう。すると、高得点を出した人たちの勉強法の共通点が見えてくるはずです。**短期間と言いながら、実は長期間コツコツと勉強を続けてきた人、もとからかなりの英語力のある人もいるので、注意が必要です。**情報を収集する際には動物的勘も大事です。**

一生懸命勉強しているのにもかかわらず、ずっと点数が出なくて、悩んでいたある男性は、私が発行しているメルマガ「時間のないあなたに！　即効TOEIC250点UP」の編集後記で紹介している、**スコアアップに成功した人たちの「お礼メール」を全部読み直した**そうです。お礼メールにはスコアアップに成功した人たちがどんな勉強をしたのか、体験談が書かれているのですが、それをじっくり読み、短期間で目標スコアを出した人たちのやり方を実行することに。するとすぐに目標スコアを達成したそうです。

伸び悩んでいる時は、成功者の体験談は妬《ねた》ましくもあり、素直に受け入れにくいものです。「なかなか、そんなにうまくはいかないよ」と斜《しゃ》に構えてしまう人もいます。しかしそこで一回初心に戻って、素直な気持ちで成功者たちの体験談を読んでみると、自分がまったくやっていなかったこと、やっているつもりでやっていないことなど、意外な発見があるものです。

斜に構えてしまう人は、よい情報にいくら接していてもそれを生かすことができず、結果伸び悩んでしまいがちです。仕事において上司や周りの人の意見を聞けない人、受け入れられない人が壁にぶつかってしまうのと同じかもしれません。

正しい情報に行き着き、それを生かすことができるのは斜に構えない素直な人、愚直に正攻法を実行する人に多いと思います。

TOEICは努力が報われる試験

今のTOEICは難しくなっただけでなくいいテストになったので、**正しく勉強すれば仕事で使える英語力がある程度身につきますし、また正しく努力すればその努力が報われる試験でもあります。**正しいメソッドに則《のっと》って勉強を続ければきちっと結果が出ます。

ただ、現実には間違った努力をしている人がけっこう、多いのです。

2年間勉強してスコアアップしなくて、私の教室に通い始めた人が、1回目の授業の後、「今までの努力はなんだったんだろう」と非常にショックを受けた様子でつぶやいていたことがあります。それまでの2年間の勉強内容とまったく違ったそうです。

正しい努力をするために、情報収集力を身につけ、選択眼を磨くことは何よりも大切です。

短期間に結果を出せる人の共通点

自分に合った適切な参考書や学校を選ぶ。そのためには情報収集にもじっくり時間をかける。さらに、素直な心をもっている。

インターネット上の情報を鵜呑《うの》みにするな

インターネットは情報収集に大変便利です。ネット書店のベストセラーランキングも参考になりますし、ＴＯＥＩＣ学習者によるお薦め教材紹介のサイトやＴＯＥＩＣを教えている人たちのサイトも数多くあります。

ただ気をつけなくてはならないのは、**インターネットで得られる情報は多種多様、玉石混交で、必ずしもその人にとって適切な情報とは限らない**ことです。

ネット上ではＴＯＥＩＣについて、さまざまな考えや価値観、立場の人が発信しています。ＴＯＥＩＣを受ける目的も、ＴＯＥＩＣに対する考え方も違うかもしれません。

英語力全体を上げることを目的にＴＯＥＩＣを受けていて、その立場からの情報を発信している人もいます。あるいは、ＴＯＥＩＣが大好きで毎日長時間ＴＯＥＩＣの勉強だけをしても苦にならない人が発信していることもあります。その情報はＴＯＥＩＣに関したものとはいえ、まったく違ったものです。ですから、**自分と同じスタンス、目的**

の人からの情報や意見を参考にしなくてはなりません。

もっとも避けたいのは、いろいろな情報や意見をごちゃまぜに取り入れてしまうことです。目的の違う勉強法ですから、一緒にやってもそれぞれの効果が十分に出ません。情報収集を熱心にやって勉強しているのに、なかなかスコアが出ない人を見ていると、スタンスの違う人の異なる情報をちょこちょこと取り入れて勉強している傾向があります。

ネット上で見つけた意見や情報はなんでもかんでも参考にしないで、よく吟味する必要があります。まずは、**ブログやコミュニティに書いている人たちと自分のTOEICに対するスタンスが同じかどうかを判断しましょう。**

なお、TOEICを効率的にスコアアップしたいと考えている人にとっては、英語好きの人やTOEICが趣味に近い人の意見はあまり有効ではないかもしれません。英語好きではないけれど英語力のある人のほうが客観的に見られるせいか、参考になる場合が多いです。

TOEIC関連のブログやコミュニティは、概して英語やTOEICが好きな方たちが中心になって発信しています。英語やTOEIC自体が好きで受けているという人たちが多いので、早く効率的にスコアアップしたい人には向かない場合もあります。

第1章でも触れましたが、急激に拡大したTOEIC業界では、教える側もさまざまで、英語力に長けているけれどビジネスで多用される単語の使い方を知らなかったり、TOEICのノウハウだけに特化して基本となる文法力や読解力、聞き取る力の強化に不慣れな先生も少なくありません。結果として教わる側も遠回りの勉強方法が多いかもしれません。

もちろん、そういう方法に従って地道に2～3年勉強を続ければ、着実に英語力はつくとは思いますが、ここでも「自分の目的が何なのか」を見極める必要があります。

短期間に結果を出せる人の共通点

ネット上のTOEICに関するサイトを、なんでもかんでも参考にはしない。自分のTOEICに対するスタンスと同じかどうか、じっくり吟味している。

TOEIC受験生同士の交流はメンバーのレベルが重要

TOEICの受験生仲間と、情報交換を盛んに行なっている人たちがいます。**同じ受験生という身の上の者同士、勉強の悩みを打ち明けあったり、情報交換をしたりする勉強仲間を持つのは、互いに切磋琢磨《せっさたくま》し、モチベーションを高めるといったよい面もあります。**

教室生の中にも一緒にIPテストを受けに行って、問題の分析をし、互いの勉強法を教えあいながら、共にスコアアップした人たちもいます。

ただし、客観的な立場からシビアな意見を言わせていただくと、**受験生同士の情報交換や交流が有効かどうかは、そのメンバーのレベルや性格に負うところが大です。非常に能力の高い人がメンバーにいて、かつ同じような目的でTOEICを受ける人たちが集まっているのなら、その情報交換や交流は役に立つことでしょう。**

しかし、場合によってはお互いに、的のはずれた情報を教えあい、適切ではないアドバイスをしてしまう交流もあります。また**「Give and Take」を心がけなければ長く続きません**。Giveする人が少数で大半がTakeする人のグループは長く続いていないようです。

交流が度を越すと、ＴＯＥＩＣの本来の勉強からはずれて横道にそれていってしまうこともまま、あります。頻繁《ひんぱん》に集まって飲み会を開いたり、ブログやＳＮＳでお互いに書き込みをしたりと、一緒につるむことで安心し、肝心の勉強が二の次になっていく危険性も非常に高いのです。やがてＴＯＥＩＣ関連の情報には詳しいけれど、肝心のスコアは長期にわたって低落傾向といった状態になってしまうかもしれません。

もちろん、交流がプラスになっている人たちもいるので、あくまでも参加者次第です。

短期間に結果を出せる人の共通点

ＴＯＥＩＣの受験生仲間と情報交換を行なう場合は、「Give and Take」を心がけると同時に、自分と同じような目的で受けているかどうかに注意している。

最近のTOEICは、情報処理能力も問われている

TOEICで早くスコアアップする人には情報収集力に優れた人が多いのですが、実は**TOEICの試験自体も情報収集力や情報処理能力が問われるもの**が含まれています。

これはTOEICを作成しているETS自体が認めていることです。

新TOEICになる直前の2005年末に、ETSの関係者が来日して説明会を開きました。その席上、長文読解問題のパート7について彼らは「これからは情報収集力も問う試験にする」と明言したのです。

また、「実際のビジネスでは一つの英文だけを読んで判断するシチュエーションは少なく、複数の英文を読んで、判断することがほとんどなので、TOEICでもダブルパッセージの問題を入れる」と語りました。

ビジネスの世界では、膨大な情報が行き交う中、必要な部分だけを的確につかみと

り、業務に生かしていかなくてはなりません。毎日数多くのメールを読み、即座に対応しなくてはなりませんし、新しいプロジェクトのために膨大な英文資料を短時間に読んで有用な部分だけをピックアップするなど、情報処理能力が求められます。したがってＴＯＥＩＣが求めるビジネスシーンでの英語力とは、単純な英語力ではなく、英語を使った情報処理能力も含まれるわけです。

最近のTOEICは知能テストの側面も

パート７の長文読解問題のシングルパッセージ後半やダブルパッセージでは知能テストのような問題が出題されるようになりました。特に２か所以上をチェックして答えなければならないクロスリファレンス問題（２文書参照問題）で顕著です。答えがはっきり書かれていないような問題もありますが、多いのは、片方の情報のありかは見つかってもそれだけでは答えられないので、もう１か所以上参照箇所を見つけなければならない。ですが、それを見つけるのが大変で時間がかかるという類の問題です。毎回数問ずつ出題されていますが、これは英語の問題というよりむしろ知能テストです。

真偽のほどは定かではありませんが、「東南アジアの国々で採用にTOEICの点数が使われ始め、採用に際して企業側は地頭のいい人を取りたいらしく、それを見分けるためのテストを作ってほしいというリクエストが企業側からあった」という話です。高得点を狙う人はこれらの問題も短時間で解き正解しなければなりません。公式問題集他実際のテストに近いとされる問題で、このような問題を含む問題集を時間を計って解く練習をすることとです。

700点以下の人は、時間がかかりすぎるこの種の問題は適当にマークして次の問題に進むことだと思います。

パート7は情報を取る読み方で

TOEICの問題の中でも特に情報処理能力が問われているのは、パート7です。短時間に大量の英文を読み、数多くの問題を解かなくてはなりませんが、普通に読んでいては絶対に時間が足りません。**時間内に解くには、どこをどう読むかを把握している必要があります。均等に全文を読むのではなく、全文読みは必須ではありますが、必要な**

ポイントを押さえながら読まなくてはならないのです。つまり「情報を取りながら読む」読み方をしなくてはなりません。

詳しくは拙著『TOEIC®テスト パート7 出るのはこれ！』で紹介していますが、「注意して読むべきはどんな文章か」「文章のどこを見るか」「どんなところに答えがあるか」といった日本人が気がつきにくい読み方のポイントがあります。また、「おとり」の答えがあり、急いで解くとうっかりそれを選んでしまう、といった大学受験の長文読解問題とは異なる問われ方をする問題もあります。

英語のプロには、「丁寧に頭からきっちり読むべき」と指導される方が多いと思います。しかし非常に高い英語力を持った人ならじっくり読んでも問題を時間内に解くことができるでしょうが（それでもぎりぎりでしょう）、普通の人には無理です。**早く高スコアを出さなくてはいけないビジネスパーソンは「情報を取る読み方」を知って、全文読みの練習することをお勧めします。**

パート7で必要とされる「情報を取る読み方」はTOEICだけでなく、実際の英語のビジネスシーンでも有効です。仕事で大量の英文資料を読まなくてはならない、といった人にはパート7で培《つちか》った読み方はすぐに役立つことでしょう。

仕事で英語を使っていても900点突破は難しい

このように最近のTOEICは、情報処理能力もないと高スコアを取ることが難しくなってきています。もちろんビジネス関連の語彙力なども必要ですが、ある程度の英語力を持っているだけでは、900点突破はなかなかできません。

最近、私の教室に通い始めた外資系金融機関に働く男性Xさんはキャリア30年のベテラン。仕事でも英語をずっと使い続け、さらに英検1級と通訳案内士の資格取得者で、英語に関してはビジネスでもプライベートでもまったく不自由しない実力の持ち主です。しかし、どうしてもTOEICで900点を超えることができなかったそうです。

話を聞くと、Xさんはこれまで**TOEICを英検1級のように正攻法で解き、また英語力があるがゆえに、英文を何度も繰り返し読み、間違いの選択肢まで丁寧にチェックしていたので、時間が足りなかった**のです。私のセミナーに参加して、**問題を解くうえでコツやテクニックがあることを知り、愕然とされたそうです**。英語力としては十分なXさんなので、要領を学んで教室終了後、すぐに900点を突破しました。

短期間に結果を出せる人の共通点

TOEICの試験では情報収集力や情報処理能力が問われることを知っているので、「情報を取る読み方」を実践している。

自分の勉強法に不安を感じたら……

ＴＯＥＩＣの勉強法はしっかり情報収集をしたうえで、慎重に選別すべきです。しかし、いったん使う参考書、通う講座などを決めたら、そこからはあれこれ迷わず、選んだものだけを愚直なまでに集中して勉強しましょう。そして、それでも結果が出なかった場合には、スパッとその方法をやめて、他のものに替えるのです。

ＴＯＥＩＣの場合は、**３カ月間一生懸命やって、スコアが思うように伸びないとしたら、使っている参考書や通っている学校のやり方が間違っていると考えるべきです。**その時は、思い切って、違う参考書なり学校を探しましょう。集中して勉強していれば、今のやり方がＴＯＥＩＣの試験とどう合っていないのか、どんなことを勉強すべきかも見えてくるはずです。

ＴＯＥＩＣ９００点突破を目指していた渉外事務所勤務の弁護士の男性Ｙさんは最初、間違った教材を選んでしまったそうです。有名なＴＯＥＩＣの無料学習ソフトで半年間一生懸命勉強したけれど、730点までしか出ない。そこで「これはダメだ」と見切りをつけ、他の勉強法を必死で探したとのこと。書店で本を探し回り、拙著『できる人のTOEIC®テスト勉強法』（中経出版）を見つけ、その直後に教室に参加、3カ月で945点突破を達成しました。

一生懸命、勉強法に従って努力した結果、もし思うように結果が出なかった場合は、Yさんのようにその勉強法はやめて、思い切って違う勉強法に切り替えることが大事です。なお、大前提は勉強するものを決めたら、愚直なまでにその勉強法に従ってやってみること。**中途半端な勉強では結果が出なかった場合に、勉強法が間違っているのか、あるいは勉強不足のためか、判断がつきません。**中途半端な勉強で結果が出ず、次々と教材や学校を替えているという学習者も存在します。

勉強法を決めたら一定期間はひたすら集中して、その勉強法に従ってやってみてください。

短期間に結果を出せる人の共通点

「この勉強法・参考書・問題集でいく！」と決めたら、とにかく3カ月は全力でやってみる。それで結果が出なかったら、別のやり方にスパッと替える。

思い切って投資した人は高得点を出しやすい

私は東京で教室を開いているのですが、実はかなり遠方から参加してくださる方たちがいます。**土曜日は愛知や大阪、新潟、富山、そして鹿児島、広島、青森、北海道などから参加する方たちがいましたし、教室が東京駅の近くにあるため、平日でも静岡や愛知から通ってくる方がいました。**

面白いことに遠方から参加している方たちは総じて、高スコアを出す人が多いです。お金をかけた分を、一生懸命取り戻そうという気持ちで熱心に勉強するからでしょう。

広島から新幹線を使って教室に通った女性Ｐさんは、最初、私の本やメルマガなどを参考にして勉強していたそうです。

それである程度のスコアまでは出していたのですが、目標スコアの８００点にはなかなか届かない。

それで思い切って教室に通うことを決意したそうです。

教室に来る前は600点台でしたが、2カ月の教室終了後すぐに受けたTOEICで、895点を達成しました。

お金をかけたからといって、確実に高スコアが出せるわけではありませんが、必要となったら思い切って投資するほうが、早く目標スコアに到達できる可能性は高いです。少なくとも、勉強時間は大幅に節約できる可能性が高いです。

現在、名古屋から通ってきている男性は、仕事で異動したい部署がありどうしても点数を上げたい、ということで参加しているのだそうですが、「お金で時間を買おうと思った」と話していました。

これは私の教室に限ったことではなく、他の先生の講座やセミナーでも、遠方から参加する受講生は多いようです。

また、**TOEICの問題に慣れるよう、公開テストとは別に頻繁にIPテストを受ける人も多くなりました。毎月となると受験料もそれなりにかさみますが、IPテストを繰り返し受けることで、自分の弱点もわかり、さらに公開テストの傾向も見えるため、スコアアップのための効果的な勉強法もわかってきます。**事実、IPテストの直後の公式試験で900点突破を達成した教室生も数名います。

高スコアを早く出した人たちに共通しているのは、自分にとって必要なもの、価値のあるものには出費を惜しまないという姿勢です。

必要度、緊急性に応じて、時には思い切った投資をすることが、その人にとって大きな得につながることもあるのです。

短期間に結果を出せる人の共通点

「お金で時間を買う」ため、必要度、緊急性に応じて、時には思い切った投資をする。

疑問を必ず聞ける人、なあなあにしてしまう人

私の教室生を見ていると、早く目標スコアに到達する人は、**教室に早めに来て前の席に座る人が多いです**。1日セミナーでも、2カ月8回の教室でも同じです。

前向きで勉強熱心であることの表れ、ともいえますが、前の席に座ることで有益な情報を逃さないようにしようと真剣なのだと思います。

私の教室は長方形で、前の席と後ろの席とでは、黒板の見え方も全然違います。声も前の席のほうがよりクリアに聞こえます。後ろの席にいると、集中力が途切れ、大事なところを聞き逃してしまうこともありえるでしょうし、板書《ばんしょ》も見えにくいはずです。一方、毎回前の席に座る人は、講師側も顔を覚えますし、休み時間に話をする機会も増えます。

また、前の席の人は、授業中によく質問をする傾向にあります。講師とコンタクトが

取りやすく、質問がしやすい環境にいるのも一因でしょう。後ろの席に座っていても質問はできますが、講師との距離が離れているため、ついつい億劫《おっくう》になりがちです。**疑問を必ずその場で解決する人と、なんとなく曖昧《あいまい》なままにしてしまう人とでは、やがて理解度に大きな差が出てきます。**疑問のある時にすぐ質問したことで、間違って解釈していたことを早く修正できたり、より理解が深まったりするからです。

また質問をしたことで印象が残り、記憶に残りやすいということもあります。

一方、点がなかなか出ないという人の相談にのってみると、何回も説明していることが抜け落ちていたり、まったく理解していなかったり、ということがよくあるのです。授業を聴いていても疑問に感じるはずなのに、なぜ質問にこなかったのか、と不思議に思うことがよくあります。こうした人は、後ろの席に座っていることが多いです。

前の席に座ると、結果的にさまざまなアドバンテージがあるということです。

情報収集力とは、適切な参考書や講座を探しだす時にのみ発揮されるものではありません。授業やセミナーを受ける時に、先生からできるかぎり有益な情報を得られるようにすること、これも情報収集力です。講座に通うなら、なるべく前の席に座りましょう。その時間をできるかぎり活用して、情報収集に励んでください。

短期間に結果を出せる人の共通点

授業の際にはできるだけ前の席に座り、授業中に感じた疑問はその場で解決する。

海外留学者のスコアを、さらに伸ばした方法とは？

「親子ともども900点以上を出しました」というお礼メールを50代後半の女性Hさんからいただきました。昔、英語の先生をしていた方で、フロリダの大学院に留学中で夏休みに一時帰国した20代の息子さんとともにTOEICを受験し、めでたく目標スコアを突破したのです。

Hさんはボランティアでアジア系移民の人たちの法廷通訳などをしていました。弁護士になって残りの人生を弱者のために捧げたいと、ロースクールに通いながら、静岡から教室に参加しました。英語力はもともとかなりあったのですが、800点を超えたあたりから伸び悩み、まずは私の単発のセミナーに参加、その後、教室に通い始めました。

さらに、夏休みに帰国する息子さんを私のリスニングセミナーに参加させたいという申し込みがありました。息子さんはアメリカの大学院生で、大学4年間と合わせると計

6年間勉強していて高い英語力を持っているのですから、受講の必要はない気がしたのですが、

「TOEICのリスニングは、留学経験者でも絶対にノウハウがいります」

と、英語教師をしていたHさんは冷静に分析していました。

セミナーに参加した後に息子さん自身も、

「これはノウハウが必要ですね。特にリスニングセクションのパート3で設問と選択肢の先読みをしないと、最後の数問はおとすかもしれません」

と、お母さんの意見に賛成していました。**TOEICのリスニングセクションで確実に得点するためには、留学経験者といえども設問と選択肢の先読みが必要**だというのです。

息子さんは英語の運用能力自体が非常に高かったので、1回リスニングセミナーに出席しただけで、900点を出しました。そして教室に通い、よりじっくりと時間をかけて勉強をした日本に暮らすお母さんは、息子さんより高い945点を獲得したのです。息子さんとのスコアの差は新公式問題集での勉強やセミナー参加後、私の教室にも参加し、しっかり勉強したからと、理由づけていらっしゃいました。

ＴＯＥＩＣは英語力を問うテストですが、情報処理能力を求められたり、知能テストの側面もある試験です。そのため、たとえ海外在住で高い英語運用能力を持つ人であっても、何もしないで高得点が達成できるわけではないということを、Ｈさん親子のケースから私も再認識しました。

短期間に結果を出せる人の共通点

たとえ海外在住で高い英語運用能力を持つ人であっても、ＴＯＥＩＣで高得点を得るためには、ＴＯＥＩＣ特有の勉強をする必要がある。

本書は、二〇一〇年二月、小社より単行本『新TOEIC®TEST 3ヵ月で高得点を出す人の共通点』として発行された作品を大幅に加筆・修正のうえ、文庫化したものです。

一〇〇字書評

切り取り線

購買動機（新聞、雑誌名を記入するか、あるいは○をつけてください）	
□（　　　　　　　　　）の広告を見て	
□（　　　　　　　　　）の書評を見て	
□ 知人のすすめで	□ タイトルに惹かれて
□ カバーがよかったから	□ 内容が面白そうだから
□ 好きな作家だから	□ 好きな分野の本だから

●最近、最も感銘を受けた作品名をお書きください

●あなたのお好きな作家名をお書きください

●その他、ご要望がありましたらお書きください

住所	〒				
氏名		職業		年齢	
新刊情報等のパソコンメール配信を 希望する・しない	Eメール	※携帯には配信できません			

あなたにお願い

この本の感想を、編集部までお寄せいただけたらありがたく存じます。今後の企画の参考にさせていただきます。Eメールでも結構です。

いただいた「一〇〇字書評」は、新聞・雑誌等に紹介させていただくことがあります。その場合はお礼として特製図書カードを差し上げます。

前ページの原稿用紙に書評をお書きの上、切り取り、左記までお送り下さい。宛先の住所は不要です。

なお、ご記入いただいたお名前、ご住所等は、書評紹介の事前了解、謝礼のお届けのためだけに利用し、そのほかの目的のために利用することはありません。

〒一〇一-八七〇一
祥伝社黄金文庫編集長　吉田浩行
☎〇三（三二六五）二〇八四
ohgon@shodensha.co.jp

祥伝社ホームページの「ブックレビュー」からも、書けるようになりました。
http://www.shodensha.co.jp/bookreview/

祥伝社黄金文庫

新 TOEIC®TEST 3ヵ月で高得点を出す人の共通点

平成27年6月20日　初版第1刷発行

著　者　中村澄子《なかむらすみこ》
発行者　竹内和芳
発行所　祥伝社《しょうでんしゃ》
〒101－8701
東京都千代田区神田神保町3－3
電話　03（3265）2084（編集部）
電話　03（3265）2081（販売部）
電話　03（3265）3622（業務部）
http://www.shodensha.co.jp/

印刷所　萩原印刷

製本所　関川製本

　ISBN978-4-396-31665-5 C0182

祥伝社黄金文庫